HAYAT SANA NE ANLATIYOR

DESTEK
yayınları

DESTEK MEDYA GRUBU

DESTEK YAYINLARI: 1137
KİŞİSEL GELİŞİM: 192

ÇETİN ÇETİNTAŞ / HAYAT SANA NE ANLATIYOR

İmtiyaz Sahibi: Yelda Cumalıoğlu
Genel Yayın Yönetmeni: Ertürk Akşun
Yayın Koordinatörü: Özlem Esmergül
Editör: Özlem Esmergül
Son Okuma: Devrim Yalkut
Kapak Tasarım: İlknur Muştu
Kapak Fotoğrafı: Naeim Jafari
Sayfa Düzeni: Cansu Poroy
Sosyal Medya-Grafik: Tuğçe Budak - Mesud Topal

Destek Yayınları: Ağustos 2019
Yayıncı Sertifika No. 13226

ISBN 978-605-311-650-9

Abdi İpekçi Caddesi No. 31/5 Nişantaşı/İstanbul
Tel. (0) 212 252 22 42
Faks: (0) 212 252 22 43
www.destekdukkan.com
info@destekyayinlari.com
facebook.com/DestekYayinevi
twitter.com/destekyayinlari
instagram.com/destekyayinlari
www.destekmedyagrubu.com

Altın Kitaplar Yayınevi
Göztepe Mah.
Kâzım Karabekir Cad. No. 32
Mahmutbey-Bağcılar/İstanbul
Sertifika No. 44011

DESTEK yayınları KARAKARGA BEYAZ BAYKUŞ genç DESTEK

ÇETİN ÇETİNTAŞ

HAYAT SANA NE ANLATIYOR

DESTEK yayınları

İÇİNDEKİLER

Yazar Hakkında

Çetin Çetintaş, İstanbul Üniversitesi Biyoloji Bölümü'nü bitirdikten sonra Eskişehir Anadolu Üniversitesi Spor Yönetimi'ni tamamladı.

Uzun yıllar Uzakdoğu'da pek çok ülkenin manastırlarında yoga ve meditasyon üzerine çalışmalar gerçekleştirdi. Eğitimlerden sonra yogi olarak Brahmaçarya (münzevi) yaşama geçti.

Hindistan'da Sanskrit dilini öğrenerek eski yoga yazıtları üzerinde çalıştı. Yogayla ilgili pek çok eski yazıtı Türkçeye çevirdi.

2016 yılında *Hanuman'ı Bulmak* adlı ilk kitabını yazdı. 2018 yılında Sanskrit dilinden çevirdiği *Yoga Sutralar I – Bir Yoginin El Kitabı* adlı ikinci kitabı okurla buluştu.

Yazar ve eğitmen olarak yaptığı çalışmalarla Türkiye'de yoganın büyük ivme kazanmasını sağlayan Çetin Çetintaş, 10 yılı aşkın süredir dünya çapında binlerce insanın hayatına dokundu. Yetiştirdiği birbirinden değerli öğrencilerle dünyanın dört bir yanında eğitimler vermeye ve kadim yoga bilgisini dileyen herkese ulaştırmaya devam ediyor.

Türkiye'nin en büyük yoga okulu "YogaKioo Enstitü" beş şehirde yedi şubeyle aktif şekilde çalışıyor. Kırklareli'nde 63 dönüm arazi üzerine kurulmakta olan sekizinci okul ise 2020 yılında açılacak.

YogaKioo Enstitü bünyesinde Serra Sağra ile birlikte kurdukları, Türkiye'nin tek basılı yoga dergisi olan *YogaKioo Dergi*'nin genel yayın yönetmenliğini yapan Çetin Çetintaş, Youtube kanalında her hafta düzenli olarak paylaştığı Türkçe yoga içerikleriyle de yoga pratiğini Türkiye'nin her noktasına ulaştırıyor.

I. BÖLÜM

Elementlerle Duygular Arasındaki İlişki

Sevgi, Bildiğini Sandığın Şey Değil

21. yüzyılda yüksek teknolojinin de sağladığı çok yönlü imkânlar sayesinde, sorunlarını kolaylıkla çözeceğine ve daha huzurlu yaşayacağına inanıyordu insanlık. Ne yazık ki tam tersi oldu... Kargaşa günden güne daha da arttı. Sonunda insan, büyük kargaşanın ortasında adeta yapayalnız kalarak hiçbir sorununa çözüm bulamaz hale geldi. Hayli yaş almış olan şu koca dünyamız artık daha huzursuz...

Büyük huzursuzluğun farkında mısın bilmiyorum ama görüldüğü üzere fark edilenlerle de yeni bir anlayış gelişmiyor günümüzde.

Sence neden? Pozitif bilimler, sosyal bilimler, felsefe ve siyaset bu huzursuzluğun nedenlerine ve sonuçlarına cevap arıyor aslında. Aslında nefes alan her insan bu sorunun cevabı peşinde...

Ne ilginç değil mi?

İnsan, kendine ait soruların cevaplarını bile dışarıda arıyor. Buluşların cevapları kolaylaştıracağını sanıyor. Araştırmalara bırakıyor, çok zaman kendi de denek oluyor ve edindiği yeni verilerle kendine yeni kurallar koyuyor. Böylece karmaşadan ve huzursuzluktan kurtulup sorunlarının çözümünü bulacağına inanıyor.

Oysa bütün bunlarla uğraşırken özünün sahip olduğu unsurları unutuyor. İnsanı insan yapan unsurları...

Unutma ki beden, zihin ve ruh bütünlüğü sayesinde hayat oluşur. Bu yüzden hayatı bütünüyle anlamak gerekir.

O halde "Hayat nasıl okunur, nasıl anlaşılır?" diye sormak gerekir. Hayat sana ne anlatıyor, oku... Aradığın soruların cevabı iyi bir okuyucu olduğunda sayfalar dolusu önüne açılmış duruyor olacaktır zaten.

Dünyayı saran koskoca atmosfer bizim nefesimizdir, içtiğimiz su hayat bulduğumuz yerdir, bastığımız toprak köklerimiz, dünyaya enerji veren güneş yapmak istediklerimizi çeviren büyülü güçtür...

Farkındalık bu değil mi? Neye baktığımız değil, nasıl baktığımızdır fark yaratan...

Ben de yaşamsal sorunlarımıza farklı bir açıdan bakmayı seçtim. "Seçtim" çünkü var olduğumuz evrenin bir parçasıyız hepimiz. İnsanoğlunun bedensel işleyiş sistemi, tüm buluşlara ilham kaynağı olmadı mı? Bu ilham sayesinde insan, üstün bir teknolojiyle yaşamayı başarmadı mı?

Bu yüzden insan, insana bakarak öncelikle kendi sorununu tanımlamalı. Bunu sağlayacak bir keşfe çıkaracağım seni, bedeninin, ruhunun ve zihninin işleyişine hayat veren elementlerin keşfine...

Nedir elementler, nerede nasıl işler, hangi element nerede nasıl çalıştığında ne olur veya ne olmaz?

Yaşam, elementler üzerinden okunur.

Nedir elementlerin yaşamdaki etkileri?

Duygulardan reaksiyonlara, bedenden sosyal yaşama, aile ilişkilerine, aşka, sekse ve sağlığa kadar giden uzun bir süreç...

Yaşadığımız toplumda bizi ayrıcalıklı kılan değerler nelerdir?

Tüm dikkati üzerimize toplayarak çekici hale gelmemizde etkin olan element hangisi?

Tabii ki ateş elementi...

İnsanın varoluşunu tamamlayan ve köklerinde kendini keşfe çıkmaya iten güçse toprak elementi... Diğer bir deyişle aileden kopmamak ve aileyle her koşulda bir arada kalmak yoğun toprak elementinin bir ürünüdür.

Bu açıdan bakınca elementler, hayatı okumaya yarayan alfabenin ta kendisidir aslında.

Kendini tasarlamak istiyorsan elementlerin farkında olup doğru kullanmayı öğrenmelisin. Böylece sağlığını, bedenini, davranışlarını, işini, aileni, sosyal ilişkilerini, yani kısaca tüm yaşamını bilinçli bir süreçte kendin tasarlarsın.

Artık hikâyeni yeniden yazabilirsin. Hayatını sağlam temeller üzerine yeniden inşa edebilirsin. O yüzden artık seni elementlerin büyülü dünyasını tanımaya davet ediyorum...

Bu büyülü dünyanın temelinde yatan en büyük güç, sevgidir.

Elementler bile sevginin karşısında bir araya gelirler. Artık ateş, su, hava, toprak ve akaşa diye ayrılmazlar, onlar tek bir şeye dönüşürler birlikte dengede ve ahenk içinde yüzdüklerinde... Sevgiye...

Şimdi sormak gereken diğer önemli soru da şu:

Sevgi nedir?

Çünkü sevgi, bildiğini sandığın şey değil...

Her Duygu Bir İhtiyaca İşaret Eder

"Neden kuşu yiyorsun?

"Çünkü kuşu seviyorum."

"Sevdiğin bir şeyi okla vurup, kanatlarını kopardın. Ateşin üzerinde yaktın ve parçalara ayırarak yedin. Bana kuşu sevdiğini söyleme. Sen kuşun sana verdiği lezzeti seviyorsun. İkisi aynı şey değil..."

Sevginin ne olduğunu ve ne olmadığını iyi bilmek gerekir ki, sevgi deforme olduğunda ortaya çıkan duyguları tanımak, cevaplamak, doyurmak ve yeniden sevgiye dönüştürmek mümkün olsun.

Her duygunun bir ihtiyaçtan dolayı oluştuğunu hatırlarsak, karşılanmamış ihtiyaçların strese, yerli yersiz kazalara ve birtakım patlamalara yol açacağını da unutmamış oluruz. Ani duygu patlamaları, evde cam eşyaların kırılması, durup dururken ortaya çıkan deri hastalıkları, saç dökülmeleri, bulunduğun ortamlarda sürekli bir şeylerin kırılması, devrilmesi gibi deneyimler, karşılanmamış ihtiyaçlarının belirtileridir aslında.

Her elementin kendini farklı şekilde ifade ettiğini düşünürsek, bunun gibi sayısız örnekler verilebilir. Ama merak etme... Henüz yeni başlıyoruz. Kitap boyunca her elementin ve her duygunun üzerinde tek tek, etraflıca duruyor olacağım... Şimdilik sadece her duygunun, bir elementle ilgili olduğunu ve karşılanmamış ihtiyaçlarının sende birtakım zorlu sonuçlara yol açabileceğini bil isterim.

Yaşamla kusursuz iletişimde olmak, ancak elementler üzerinden ihtiyaçları saptamakla ve bu ihtiyaçları doğru şekilde gidermekle mümkün. Ayrıca bütün ilişkiler, kusursuz bir iletişimle tedavi edilir. İşte bu yüzden elementlerle duygular arasındaki bağı doğru okumak çok değerli...

Her duygu sevgiden devrilerek oluşur. Diğer bir deyişle duygular sevginin deforme olmasıyla ortaya çıkarlar.

Peki, nedir sevginin devrilmesi?

Duygularımızın her biri "sevgi"nin bir noktada devrilmiş olmasından ortaya çıkar ve tutumlarımızda da kendini gösterir. Kıskançlık, öfke, kaygı, nefret, merhamet, neşe, coşku, karamsarlık, pişmanlık, suçluluk, hırs, içe kapanma arzusu, dışa dönme isteği, harekete geçme güdüsü, yavaşlama, düşünceli olma, çaresizlik, aşk, beklenti, tartışmacılık, çok konuşma, bağlanma, sadakat, sadakatsizlik... Her biri sevginin bir noktada devrilmiş olmasından dolayı ifade bulmuş duygular ve tutumlardır. Ayrıca sadece duygularımızda da değil davranış şekillerimizde de kendini gösterir.

Aşırı terleme, saçla oynama, kaşınma, dudakları kemirme, tırnak yeme, mideye ağrı girmesi, bacak sallama ya da titretme gibi daha bir dolu bedensel hareketlerde de elementlerle duygular ve tutumlar arasındaki bağı okuyabiliriz. Bütün bunlar, Sevgi'yi tam etme, diğer bir deyişle tamamlanma güdüsünün göstergeleridir. Her duygu, Sevgi'yi tamamlama ihtiyacı olduğuna göre, hiçbir duyguya "kötü" ya da "olumsuz" diyemeyiz.

Bu yüzden kitap boyunca elementler üzerinden hayatı okuyup nasıl tamamlayabileceğimizin *(eksik olmadığımızı fark edebileceğimizin)* teknikleri üzerinden yol alırken senden öncelikli isteğim, sende veya bir başkasında, hiçbir duyguyu ve tutumu yargılamaman, "kötü" ya da "olumsuz" yaftalamada bulunma hatasına düşmemen.

Bir kez daha tekrarlamak isterim ki hiçbir duygu, düşman değildir. Sevgiden düşerek oluşan deneyimlerdir ve hepsi bedenden ortaya çıkarlar... Beden de elementlerden oluşan bir sistem olduğuna göre, bedensel gözlemle bütün duygular işe yarar malzemeler haline dönüştürülebilir.

Duygu, bedende bir elementin eksilmesi veya artması sonucunda meydana gelir. Her elementin tam olduğu noktada, hiçbir duygu hissedilmez. Tamlık hali, hissizliktir. Bedende bir element eksildiğinde veya arttığında, ortaya muhakkak duygu çıkar ve ortaya çıkan her duygu, meydana gelen eksikliği doldurmaya yönelik bir işarettir.

Mesela kıskançlık...

Kıskançlık duygusunun hangi durumda ve kime karşı ortaya çıktığına bakarak, o noktada aslında toprak elementinin yükseldiğini saptamak mümkün...

Belli ki o alanda toprak elementi eksilmiştir ve sahiplenme ihtiyacı doğmuştur. Böylece toprak elementi artarak kıskançlık duygusunu ortaya çıkarmıştır.

Biriktirme, toplama ve elinde tutma ihtiyacının doğmuş olması da o alanda toprak elementinin artmasından dolayıdır.

Hangi noktada, hangi elementle ilgili artma ya da azalma söz konusuysa bunu doğru okuyup, yerinde bir tespit yaparak oluşan duyguyu dengelemek, Sevgi'ye kavuşturmak ve yaşam kalitesini artırmak hiç de zor değil...

Yaşamla, kendinle, etrafındaki herkesle ve her şeyle sağlıklı, dengeli, güvenli ve verimli bir ilişki inşa edebilmek için, elementlerle duygular arasındaki bağı görmeyi ve yönetmeyi öğreneceksin bu kitapta. Böylece bir durumun sonucu değil, o durumu var eden, deneyimleyen ve dönüştürebilen kişi olacaksın. Yaşamına bakarken filmin sonuna ancak yetişmiş, gördüğü son sahnelerle bütün filmi algılamaya çalışan talihsiz bir izleyici olmak yerine, kendi hikâyesini yazan, kendi hikâyesinin kahramanı olmayı seçen bir usta göreceksin kendinde.

Yani üzerine su döküldüğü için üzülen, öfkelenen, söylenip etrafına saldıran, ister istemez sonucun kurbanı olan kişiden, o suyun sana ne getirdiğini, senden ne götürdüğünü, oluşan bütün sebeplerin seni nereye taşıdığını bilen ve yöneten kişi olmayı tercih ediyorsundur artık, kendindeki elementlerin eksilip artmasını doğru okumaya başladığında.

Sevginin doğası bozulmaz. Her zaman aynı saflıkta kalır. Sevginin devrilmesiyle oluşan duygular, sevginin Öz'üne zarar veremez, sadece Sevgi'nin bizdeki tezahürü deforme olmuştur ve duygular ortaya çıkmıştır. Sevgi'nin Öz'ü her zaman aynıdır, tamdır, kusursuzdur.

Kendini tam hissetmiyorsan, ihtiyaç halindeysen, "sevgi" muhakkak bir şeye dönüşmeye başlamış demektir ve bir duyguyla sana kendini ifade ediyordur. Duygularını reddetmek ya da bastırmak yerine olanı doğru okumayı ve ihtiyacını doğru şekilde karşılamayı seçtiğinde mükemmel iletişimi yakalamış olacaksın.

Her duygu, bir ihtiyaçtan dolayı ortaya çıkar. Bu yüzden duyguları iyi tanımak zorundayız.

Peki, ihtiyaçlarını doğru tanımazsan ne olur?

Duygunu tanımadığında, ihtiyacını da tanıyamazsın. İhtiyacının ne olduğunu bilemediğinde, rasgele eylemlerde bulunarak oluşan duygunu doyuramadan, ihtiyacını gideremeden, o duygunun stresiyle hayata devam edersin.

Stres, cevaplanmamış duyguların bedendeki yansımasıdır.

Oluşan her duygunun bir karşılığı var. Muhakkak cevaplanması, doyurulması ve tamamlanması gerekir. Hiçbir duygu, kendiliğinden ya da gelişigüzel değildir.

Unutma ki beklentin ancak ihtiyacın kadar karşılanabilir. Dolayısıyla bu noktada ihtiyacının ne olduğunu doğru görebilmen çok önemli... Aksi halde oluşan duygunun hangi ihtiyacından dolayı ortaya çıktığını bilemezsin.

Ne demiştik?

Her duygu bir ihtiyaca işaret eder...

O halde, hangi duygunun, hangi ihtiyaçtan dolayı olduğunu nasıl anlayacaksın?

Tabii ki ihtiyaçları okumanın en kolay yolu bedende okumaktır. İlk farkındalık bedende başlar, zaman içinde zihne dönüşür. Zihin bir süre sonra "Bedenimde şu oldu... Demek ki şundan dolayı..." bilgisini ortaya koyar. Yani zihin, bedeni gözlemleyerek kendi içindeki bilgiyi açığa çıkarır.

Bu alanda zihni verimli kullanabilmek için bedeni gözlemlerken "Elementlerime neler oluyor?" sorusunu sorarak ilerlemek daha doğrudur. Her elementi, bedende ve duyguda hangi ihtiyaca göre nasıl okuyabileceğini ilerleyen bölümlerde ayrıntılarıyla ve örnekleriyle okuyor olacaksın.

Bu aşamada elementler sayesinde ihtiyaçlarının duygularla nasıl ifade bulduğunu ve nasıl bir bağlantıyla işlediğini görmeni istiyorum sadece...

Örneğin:

Kıskançlık duygusunun toprak elementinin yükselmesi demek olduğunu söylemiştim zaten. Kıskandığın bir durum ya da kişi üzerinde daha çok kalabilmen, daha çok vakit geçirebilmen ve o durumu ya da kişiyi daha çok sahiplenmen için ortaya çıkar. Biriyle yeni tanıştığını düşün. Bu kişiyle "yeterince" yani hayat yolculuğunda ihtiyacın olduğu kadar vakit geçiremediğinde, onu kıskanmaya başlayabilirsin. Bu kıskançlık tutumun sayesinde, onu daha çok görmek ve onunla daha çok şey paylaşmak ihtiyacında olduğunu fark edersin.

Hırs... Hırs duygusu ortaya çıktığında, yapman gereken işe hakkını yeterince verememişsin demektir. Bilincin daha iyisini yapabileceğini biliyordur ve ateş elementi yükselerek, lazım gelen hareketin ortaya çıkmasını körükler.

Depresyon... Su elementi bir konu üzerinde ne kadar derinlere ineceğini belirler. Derinlere ayak uyduramayıp sığ alanda kaldığında su elementi yoğunlaşır, derinlik artar ve depresyon oluşur. Suyun derinliği seni yavaşlatarak, konu üzerinde tefekkür etmeni sağlar. Derin bir dinlenme ve dinleme halidir depresyon.

Su elementi tamamen derinleşmedir. Yediğin yiyeceğin bile nereden geldiğine, nasıl olgunlaştığına odaklanmandır. Sorguladığın noktadır. "Bu insan gerçekten iyi bir insan mı?" diye sorduğun, "Ben bu dünyaya niye geldim?" dediğin alandır. Su aslında en evcimen yerdir. Çünkü bir olayın ya da durumun içine girebilmen için geri çekilmen gerekir. Olayla birlikte bir alana çekilmendir.

Bu yüzden depresyon da sudadır, anksiyete de. Depresyon, aslında "deep-resting"dir. Yani derin bir mola...

Suyun içinde mola verirsin ki orada ne var ne yok görürsün, sorularının cevabını ararsın. Su elementi muhasebe yaptığın, "Oturdum, hesaplaşıyorum..." dediğin yerdir. Suda bütün hesap sormalar açığa çıkar.

Mesela ilişkinde "Neden bana bunu yaptın?" diye sorarsın su elementiyle. Çünkü olayın bütününü görememişsindir ve sana bunu niye yaptığını sorgulamak üzere içine kapandığın süreci başlatırsın. İşinden izin alırsın, arkadaşlarından uzaklaşırsın, kimseyle konuşmazsın. Görünürde depresyona giriyorsundur çünkü bu noktada su elementin yükselmiştir, yaşadığın sürecin muhasebesini yapmak için bir içe kaçış hali baş göstermiştir.

Hoşgörü tamamlayıcı bir duygudur. Hava elementinin konusudur. Hava elementi, olaylar, durumlar ve kişiler üzerindeki ustalığımızı, hangi durumu nereye taşıyabileceğimizi belirler. Aynı zamanda "bizim dışımızda" diye algıladığımız bütün konularla ilgilidir. Hava elementi çok iyi çalıştığında, olaylarda, kişilerde ve durumlarda hoşluk görülemese bile, hava elementinin yoğun çalışması sayesinde hoşgörü ortaya çıkar.

Her şey zaten hoştur. Her şey doğasında bir "hoşluk" taşır. Ancak hoşluğu iyi ya da kötü diye yaftalamaya başladığımızda "hoşluk" gölgede kalır ve artık onu göremez oluruz ve hayat bizi hoşgörü göstermek zorunda bırakır. Öz'ü unuttuğumuz her noktada hoşgörü ihtiyacımız doğar.

Aldatılma... Yeryüzünde hiç eskimeyecek bir konudur aldatılma. Kadın veya erkek fark etmez... Herkesin maruz kalabileceği bir şifalanma yöntemidir.

"Şifalandırmak" aldatmanın meşrulaştırılması demek değildir. Bu noktada elementler üzerinden sistemin matematiğini anlayabilmek çok önemli. Hiçbir şeyi yargılamadan, sistemin nasıl çalıştığını anlamalısın.

Eşinin kaynakları sen tarafından yeterince onurlandırılmadığında (tüketilmediğinde), elde kalacak şeyler tıpkı günlerdir dolapta kalan yemekler gibi bozulacağından, ilişkiniz zehirlenmeye başlar.

Araya "yılan" ya da "akrep" yakıştırmasıyla tarif edilen üçüncü kişiler girer. Sence neden üçüncü kişiler yılan ya da akrep gibi zehirli hayvanların ismiyle anılırlar?

Çünkü ilişkinin tarafları bozulan değerlerini, kaynaklarını dışarı akıtamadığında buna fırsat verecek başka bir baştan çıkarıcı ilişkiye dahil olacak, zehri alarak şifalandıracaktır.

Baştan çıkarıcı, eşinde bozulmak üzere olan özellikleri, nitelikleri ve kaynakları tüketmeye başlayacaktır.

Örneğin güzel bir eşin varsa ve sen onun güzelliğini fark etmiyorsan, onu güzelliğiyle onurlandırmıyorsan, baştan çıkarıcı eşini şifalandırmaya gelir.

Eşinin güzelliğini gözleriyle, sözleriyle hatta dokunuşlarıyla onurlandırır. Onun kaybolan ya da fark edilmeyen güzelliğine sahip çıkar. Bu yaklaşım, eşine nefes alacak bir alan yaratır adeta. Böylece aldatan kişi, sahip olduğu ilişkinin içinde kalmaya devam edebilecek güce yeniden kavuşur.

Eşinin aldatma amacı başka biriyle birlikte olma arzusu değildir. İlişkideki varlığının nefessiz kalmasıdır... Suni teneffüs arayışıdır... Nefes alamadığında zaten ilişkinin içinde boğulur gider... İlişki bitse bitemez, sürse süremez hale gelir. Çünkü eşlerden birinin ayrılmaya yetecek kadar bile nefesi kalmamıştır...

Başka bir örnek daha verelim o halde. Diyelim ki varlıklı bir eşin var ve sen onun parasına elini sürmeyi reddediyorsun, kendi geçimini kendin sağlıyorsun. Bu durumda da eşinin kaynaklarını tüketmek üzere başka biri devreye girerek onu şifalandırmaya gelecektir. Eşinin verme dengesini kurabileceği bir alıcı muhakkak gelir.

Eşin verdikçe doymaya başlayacak, kendine yer açacak ve eril yanını güçlendirecektir. Baştan çıkarıcı kişi, içerideki zehri söküp atmak yoluyla şifa getirirken, sen de kendini aldatılan taraf gibi algılayacaksındır. Oysa bu deneyime maruz kalma sebebin, eşinin zehirlenmesine müsaade etmendir.

Bazen daha beklenmedik sebepler de aldatma deneyiminin yaşanmasına neden olabilir. Diyelim ki eşin çok iyi bir bar şarkıcısı... Ama sen onu sürekli eleştirip aşağılıyorsan, eve getirdiği parayı (toprak elementi) da, yani toprak alanını da aşağıladığın için, eşin kendi toprağının değerini bulacağı bir arayışa başlar. Toprak, ancak bedenle ve zevkle doyar. Sonuçta yine aldatma deneyimi yaşanmış olur. Eşinin sanatına hayran, sesinden büyülenen biri gelir ve onu bulur. Onu yeniden değerli hissettirir, yaptığı işe ait hissettirir.

Aldatılma sadece sevgililer arasında yaşanmaz. İş ilişkilerinde de sosyal hayatta da gerçekleşir.

İşte de biri diğerini aldatabilir. İşkolunda birden fazla element bir arada çalıştığı için sadece temel olarak işleyişin nasıl olduğunu anlatacağım.

Birinin işte aldatılmasının en büyük nedeni, işe hakkını verememesi ya da veremeyeceğini düşünmesidir.

Burada en çok toprak ve hava elementi çalışır. Eğer sen çalışacağın işte yeterince toprak elementine sahip değilsen aldatılırsın. Yeterince alan sunamayacağın için, iş senin alanından taşar. Başka topraklara doğru yönelmeye çalışır. Aynı zamanda işin hakkını vermene yarayan en büyük araç sayılan hava elementi de konu üzerinde yeterince çalışmıyorsa "Aklı havada" durumu oluşur ve aldatılmaya meyilli hale gelirsin.

Yani çalışacağın işte aldatılmamak için yeterince toprak elementi var etmelisin, diğer bir deyişle işinde yeterince devamlılık göstererek işe somutluk kazandırmalısın. Aynı zamanda yeterince hava elementi kullanarak, işi ileriye taşıyacak zekâyı yükseltmelisin.

"Bu noktada duygular yoluyla oluşan ihtiyaçları görebilmenin en kolay yolu nedir?" diye sorarsan "Bedensel farkındalık" derim.

Bedensel bir durum oluştuğunda ve bir duygu meydana geldiğinde tepki vermeden, yargıda bulunmadan ve stres yaşamadan önce sorman gereken ilk soru şudur:

"Elementlerime neler oluyor?"

Elementlerin bir arada, bütün halde bulunduğu formun "sevgi" olduğunu unutmamanı öneririm ki elementleri duygularla ve ihtiyaçlarla ilişkilendirerek dengelemek, ideal seviyesine ulaştırmak, "bütünlük" formuna yaklaşmak mümkün olabilsin.

Sevgi Bağının Olmadığı Hiçbir Şey "Algılanabilir" Değildir

Belki seninle defalarca karşılaştık... Belki aynı metroya bindik, belki aynı bankamatik sırasında bekledik, belki aynı kafede yan yana masalarda oturduk, belki aynı konseri izledik, hatta belki göz göze bile geldik ama birbirimizi fark etmedik, hiçbir şey hatırlamıyoruz, bilmiyoruz...

Kısacası senin için yokum...

Belki her gün yanından geçmeye devam ediyorum ama beni görmüyorsun... Birbirimizi algılamadık... Aramızda hiçbir "bağ" yok. Dolayısıyla "sevgi" de oluşmuyor.

Ne var ki bir gün şiddetli bir çarpışma yaşadık diyelim. Elindeki eşyaları yere düşürdün benim yüzümden. O an birbirimizin yolunu kestik, durduk ve birbirimizi algıladık. Artık birbirimizin farkındayız... Birbirimizi gördük...

Sen artık beni biliyorsun. Sana çarptığım andan itibaren farkımdasın, dolayısıyla artık aramızda bir "bağ" kurulmuştur.

Beni bildiğin andan itibaren aramızda "sevgi" bağı oluşmuştur. Birlikte aynı deneyimin, aynı karenin içindeyizdir. Senin için görünür, fark edilir bir hal almışımdır.

Bana karşı ne hissettiğinin hiçbir önemi yok!

Çünkü biz zaten artık "sevgi" bağını kurduk, birbirimizi algıladık. Hatta belki "Bu adam bana nasıl çarpar?" hissi bile oluştu içinde ve bana kızdın.

Büyük resme baktığımızda benim sana çarpmamın elementler düzeyinde bir denklemi vardır.

Nasıl mı?

Çünkü çarpışma, ateş elementidir. Eylem ve hareket, ateş elementiyle ortaya çıkar.

"Sevgi, muhakkak kurulması gereken bir bağ mı?" diye sorabilirsin. "İlle birbirimize çekilmek zorunda mıydık?"

Tabii ki hayır... Sevgi bağı ille herkesle veya her şeyle kurulması gereken bir bağ değil... Sevgi kendi kendine bağlanır. Benim senin hayatında bir ihtiyaçtan dolayı yerim varsa, sen istesen de istemesen de karşılıklı şekilde o bağa çekiliriz. Zıt kutuplu iki mıknatıs gibi... Aradaki çekim isteğe değil, doğal yapıya bağlıdır. Bu sayede sen beni biliyor oluyorsun, ben de seni. Birbirimizi bilme şeklimize göre de duygularımız oluşur.

Beni sadece biliyorsan ve farkımdaysan beni sadece seviyorsundur. Benden bir beklentin varsa, yani beni sadece bilmekle kalmıyorsan işte o zaman beni sevgiden devrilen bir duyguyla algılıyorsundur. Beklenti sahibi olduğundan dolayı, beni bilme şeklin saf haldeki "sevgi" değildir. Yani beni bilme şeklin seninle olan etkileşimime göredir.

Çarpışmamızda tetiklenen ateş elementi sende hangi ihtiyacın giderilmesi için ortaya çıkmış bir işarettir, bunu bilmek ve okumak zorundasın ki ihtiyacın olan deneyimi elde edebilesin. İhtiyacını bilmediğin sürece oluşan duygunu doyuramazsın ve cevapsız kalan duygularının stresiyle element dengeleri bozulmuş, iletişimi niteliksizleşmiş, kalitesi düşük bir hayatın içinde rasgele seçimlerle hareket ediyor olursun.

"Bütün bunlar neden oluyor, nasıl oluyor anlamıyorum?" serzenişlerinin temelinde cevaplanmamış duygular, karşılanmamış hisler, dengelenmemiş elementler vardır.

Elementler düzeyinde duygularının işaret ettiği ihtiyaçları nasıl gözlemleyebileceğini ve yine elementlerine göre ihtiyaçlarını nasıl dengeleyebileceğini birlikte adım adım inceliyor olacağız...

İlerleyen bölümlerde duygulardan bedene, cinsellikten aile, toplum ve iş hayatına kadar oldukça geniş bir alanda elementlerin etkilerini ve işaretlerini yoğunluk düzeylerine göre detaylı şekilde anlatıyor olacağım için, detaylı bir okuma yapmaya gerek görmüyorum bu noktada.

Dilersen birkaç elementin söz konusu olduğu başka bir örnek daha vereyim, ardından elementlerle tanışma sırası gelsin...

Diyelim ki çocuğunla birlikte partiye gittin. Çocuğun sürekli bir şeyler öğrenmek istiyor. Sana sürekli sorular soruyor ve senin hava elementini tetikliyor. Zaten çocuğuna olan sonsuz sevgin de burada başlar. Hava elementi sevgiyle eştir. Dolayısıyla çocuğun sana her soru sorduğunda hava elementinle birlikte sonsuz sevgini de tetikler. Fakat öyle bir an geliyor ki ihtiyacın hâlâ hava elementi olduğu halde, yani çocuğunla iletişim kurmak, sevgiyle tetiklenmek olduğu halde, bir şey senin ilgini çekiyor ve ateş elementin tetikleniyor. Böylece partinin tadını çıkarıp dans etmek istedin. Ateş elementin tetiklendi ama unutma ki senin asıl ihtiyacın hava elementini doyurmak...

"Asıl ihtiyacımın ne olduğunu nasıl bileceğim? Belki gerçekten ateş elementimi doyurmam gerekiyordu ve bu yüzden kalkıp dans etme ihtiyacım doğmuş olamaz mı?" diye sorabilirsin...

İşte sana dönüm noktası... Bunu ayırt etmek çok önemli. O an vücudunda yükselen ateş elementi senin için mi, yoksa çocuğunun ihtiyacı için mi oluştu?

Daha anlaşılır hale getirmek için, farklı şekilde sorayım.

"Hava elementi hâlâ çocuğunla bağ kurmaya çalışırken, sen bunu gözden kaçırıp ateş elementiyle tetiklenerek tek başına mı dans etmek istiyorsun, yoksa hava elementi daha iyi aksın diye mi o ateş elementi ortaya çıkmıştı da sen gidip dans etmeyi tercih ettin?"

Eğer danstan sonra suçluluk hissettiysen, "Çocuğumu yalnız bıraktım, oysa o benimle konuşmak istiyordu!" yakarışına düştüysen ateş elementini yanlış kullanmışsın demektir.

Sonrasında çocuğunun yanına gidip "Seni yalnız bıraktım özür dilerim ama şimdi seninle ilgileneceğim..." dediğini farz edelim. Ateş elementini yanlış kullanmaya başladığını görüyorsundur aslında. İhtiyacına değil, ihtiyacın sandığın yere ateşi harcadığın için suçluluk hissi oluşmuştur. Çünkü hava elementine cevap vermekten yorulmuştun, zaten ateş elementi de sen yorulduğun için ortaya çıkmıştı, ama sen zannettin ki ateş elementi çocuğunla konuşmaya çalışmaktan kaçabilmen için ortaya çıktı. Halbuki ateşin amacı sana enerji verip çocuğunla iletişimde gereken desteği sağlamaktı. Elementi yanlış kullandığında, pişmanlık ve suçluluk duyguları ortaya çıktı.

Suçluluk hissi, elementi yanlış kullandığının işaretidir. Ortaya çıkan ilk element neyse, onu baz almak ve üzerine gelen elementlerin destek kuvvetler olduğunu bilmek gerekir. Davranışlardan oluşan rahatsızlık en az bir elementin ihtiyacının gözden kaçtığının işaretidir.

Tereddüt içinde olduğunda "Durumdan rahatsız mıyım?" sorusunu sormalısın kendine.

Bu soru elementlerin doğru hareket içinde olup olmadığına cevap verir. İçinde bulunduğun halden herhangi bir rahatsızlık duyduğun sürece, sebebi ne olursa olsun elementler cevaplanmamış, duygular oluşmaya yüz tutmuş demektir.

Doğru yolda olup olmadığını gösteren en değerli belirti bu soruya verdiğin yanıttır:

"Rahatsız mıyım?"

Hangi elementin baskınsa hareket orada ortaya çıkar. Diğer elementler onu desteklemek için gelirler. Desteklemek için ortaya çıkan elementi esas element gibi gördüğünde, yani ilk elementi unuttuğunda yanlış bir eylem gerçekleşir.

İlişkilerin Altın Kuralı

Elementler, hikâyenin mürekkebidir ki herkesin hikâyesi ona özeldir. Yaşadığın hayat, içerideki kalabalık oyuncu kadrosuna rağmen sadece senin kaleminle yazılır.

Bazen bunu unutursun. Hikâyene dahil olan bazı insanları kendi hikâyenin kahramanına dönüştürmeye çalışırsın. Hatta onun hikâyesini bile yazmaya kalkışırsın. Senin hoşlandığın şeylerden o da hoşlansın diye beklersin. Senin alışkanlıklarına o da alışsın istersin. Kendini geliştirdiğin alanlarda o da emek sarf etsin diye umarsın. Kısacası kendini değiştirirken onu da değiştirme gayretine düşersin. Oysa unutursun ki tıpkı senin gibi onun da bir hikâyesi var, o da kendi elementlerinin mürekkebiyle yazmaya devam ediyor. Herkes kendi elementlerini farklı şekillerde tezahür ettirir.

Unutma ki, aynı şeyleri yapmak için buluşmadınız bu hikâyede... Aynı dili konuştuğunuz için bir aradasınız sadece. Karşındakini, senin yoluna sürüklemeye çalışman, onun olduğu kişiden vazgeçmesini istemendir aslında.

Nasıl ki yoga yaptığında evdeki küçük kediciğinin de yoga yapmasını beklemiyorsan, ilişkide de aynı yalınlığa ve hoşgörüye sahip olabilmen gerekir.

Mesela su ve toprak elementi yoğun olan insanlar, ilişkilerinde partneriyle ilgi alanları birbirinden çok ayrıldığında bunu ciddi bir sorunmuş gibi görmeye başlarlar. Çünkü bu iki element de "birlik" içinde beraber yapılan işlerde daha çok tatmin olur. Bu yüzden çiftlerden biri eylemleri birlikte gerçekleştirmek için çaba gösterirken, diğerinin "kendi" halinde kalmayı tercih etmesi ilişkide sorunlara yol açar.

Bir ilişkiyi sağlıklı yürütebilmenin temel kuralı şudur:

"Herkes kendi hikâyesini yaşar..."

"Peki benim hikâyem benden ne istiyor?"

Bir hikâyede buluştuysanız, birbirinizin hikâyesinde yeriniz olduğu içindir.

Hikâyelerin amacı ortak zevklerde, kültürlerde ve eğitim seviyesinde buluşabilmek değildir. Hikâyeleri bir araya getiren şey sevgidir. Birbirini duyabilmektir. Birbirini her haliyle görebilecek kadar kabul etmektir. Birbirinin yanında olabilmektir.

Sevgi Cinselliği Öldürür

Sevginin üzerindeki yapılanmalar ortadan kalktığında, sevgi en saf haliyle var olmaya başladığında, orada cinsel arzular ortaya çıkamaz artık.

Gerçekten sevdiğin bir şeye karşı cinsel arzular beslemezsin, orada sadece "olur"sun.

Cinsellik "aşk"ın bir ürünüdür. Aşk büyük bir arayıştır. Aşkla birleşmeyi, bütünleşmeyi ararken, aşk cinsel enerjiyi bağ kurmaya ve bu bağları derinleştirmeye yöneltir.

O muazzam yaratım enerjisiyle başka benlikler içinde kendini arar, bulur ve yaşarsın. Ne zaman ki arayış artık "birlik, bütünlük" yani oluş haline dönüşür, orada artık sadece sevgi vardır. Bu noktada cinsel enerji tek bir şeye doğru yönelmez; tüm evrene karışır.

Hal böyle olduğunda evrenin kapıları sana açılmaya başlar. Bu çok büyülü bir haldir... Bu hali koruyabildiğinde ve bu hali içselleştirip doğanda kalabildiğinde bu hal seni "Varoluşun Kapısı"na götürür.

Böylesi bir hal içindeyken bilinemeyecek, ulaşılamayacak hiçbir şey yoktur. Tüm varoluşla hizalanmışsındır artık.

Tıpkı bilgisayarına modem kurman gibi, bedenine evren kurulur, hem de kalıcı olarak. Artık bu sayede saf bilince tamamen karışırsın. Kalp zihni bilir. Zihin kalbin içinde erir...

Bu hal arzular üzerinde ustalık sayesinde ancak sağlanabilir. Cinsellik ortadan kalktığında yani karşındaki kişiyle hizalanmaya başlayarak bütünlüğe doğru hareket ettiğinde "Aramızdaki aşk bitti, ilişkinin heyecanı kalmadı..." diye yorumlayabilirsin. Aslında ilişkinin heyecanlı kısmı asıl şimdi başlamıştır.

Ama sen bildiğin deneyimleri aradığından, hafızandan yani öğrenilmiş bilgilerinden dolayı bu enerjinin cinsel duygularla dışarı atılması gerektiğini düşünürsün ve bu seni bir şeylerin yanlış olduğuna inandırır. Oysa daha önce deneyimlediğin heyecanların çok daha ötesinde, ne aklının alabileceği ne de hayal gücünün sınırlarını bilebileceği bir döneme sürükler seni bu durum.

Bu deneyimin içinden geçebilmen için öncelikle arzularını susturman ve dünyevi beklentilerinin ötesine hareket etmekte kararlı olman gerekir. Cinsellik hayatının merkezindeyken, cinselliğin merkezden çıkarılmasıyla serbest kalan bu sıra dışı enerjinin karışacağı şeylerin neler doğuracağını tahmin bile edemezsin...

Çocuk faktörü: Ailenin hangi elemente ihtiyacı varsa, çocuk bunun bilinciyle katılır aileye... Bir çocuğun en çok harekete geçirdiği element hava ve sudur. Zira her ailede iletişim şarttır ve çocuklar iletişimi ortaya çıkarmak konusunda eşsizdirler. Çocuk sayesinde karıkoca arasındaki iletişim artar. Ayrılsalar bile çocuktan dolayı bir ömür iletişim halinde kalırlar.

Çocuk elbette su elementini çalıştırır, ebeveynleri sorgulamaya sürükler. Ebeveynler çocuk sayesinde hayatı, insanları, ilişkileri, varlığı, yokluğu, kaderi, geçmişi ve geleceği sorgularlar. Çocuk ilişkiyi üçüncü ve dördüncü evrelere yani hava ve su evresine taşır.

II. BÖLÜM

Beş Element

Duygular, Elementlerin Çocuğudur

Elementler duyguları oluşturan faktörler olduğu için öncelikle elementleri yakından tanımak gerekir. Elementler, hangi duygunun nereye ait olduğuyla ilgili adresleri verir, çözümü nerede ve ne şekilde aramak gerektiğini söyler.

Bir element, ihtiyacı karşılanmadığı zaman, ihtiyacını gidermek için bir duyguya dönüşür. Bu duygu, elementin ihtiyacını gerçekleştirebilmen için seni yönlendirmeye başlar. Ancak duygular ölçüsüzdür. Vur derken öldürebilirler de. Nerede duracakları kestirilemez ve sıklıkla bardağı taşırırlar.

Doğru olan, duygular ortaya çıktığında, hangi elementin cevap aradığını görmek ve o elementin ihtiyacını karşılamak için duygudan bir adım geriye gelip, element boyutuna çekilmektir. Yani duyguyu yol gösterici olarak kullanmak gerekir. İlerleyen sayfalarda duyguları nötrleme egzersizleri anlatıyor olacağım. Bu sayede duyguda kalıp duygunun esiri olmak yerine, duygunun gösterdiği yolu takip ederek elemente çekilmeyi öğrenir, kendi hikâyeni yazabilirsin.

Elemente çekilemediğinde, sen artık sen değilsindir, unutma...

Peki duygular ne şekilde hangi elementlere işaret ederler?

İlişkide öfke ortaya çıktığında ilişkideki ateş elementine, iş hayatında kıskançlık ortaya çıktığında iş alanındaki toprak elementine bakman gerektiğiyle ilgili seni uyarırlar.

Duyguları ait oldukları alanlarda elementler üzerinden nasıl değerlendirip rehberlik alınacağını doğru anlamak için yaratılış sürecine bakmak ve anlamak çok önemli.

Bütün yaratılış, ateş elementiyle başlamıştır. Dünyanın oluşumunu başlatan "Big Bang" bir oluşum hareketidir, dolayısıyla ateş elementidir.

Dünya, bir ateş topunun patlamasıyla meydana geliyor. Ateş elementi, başlatan, harekete geçiren enerjidir. Harekete geçmenin içinde öfke de vardır, kızgınlık da, hırs da...

Ateş, aynı zamanda erkeğin de başlangıcıdır, yani eril enerjinin... Kutsal öğretilerde önce erkeğin yaratıldığından, kadınınsa erkekten var edildiğinden söz edilir.

Konuya cinsiyetçi bir yaklaşımla erkek ve kadın yaratılışı üzerinden bakmak eksik ve yanlış olur. Oluşumda "erkek" ve "kadın" olarak tanımlanan şey, eril ve dişil enerjidir, ruh değil...

Ruhun bir cinsiyeti yoktur, bedenin cinsiyeti vardır. Yaratılış, bir patlamayla, hareketle yani ateş elementiyle, dolayısıyla eril enerjiyle başlar, sonrasında erilden gelen güçle birikim ortaya çıkar ve dişi bedeni de oluşur. Eril ve dişil enerji birlikte vardırlar. Lakin oluşturan ve şekillendiren eril enerjidir. Dişil enerji ise alan ve malzeme sunar.

Ortada bir hareket varsa, o enerjinin bir yere depolanması ve üretime geçmesi gerekiyordur. Dolayısıyla Big Bang'in ardından toprak elementi oluşarak dünyanın zeminini yaratmıştır.

Ardından hava elementi ortaya çıkar. Hava elementinin işi konuyu daha ilerilere taşımaktır. Bunun üzerine dünyanın atmosferi oluşur. Artık canlılığın oluşabileceği kadar konuyu ustalığa taşımıştır.

Sonrasında su elementi tüm bu süreci tamamlamak, idrak etmek ve canlılığı oluşturmak için ortaya çıkar. Dünyanın yüzeyi sularla kaplanır ve yaşam oluşur.

Suyun en büyük özelliği bir arada tutmasıdır. Hiçbir şeyi "iyisi" ve "kötüsü" diye ayırt etmeden yaşamın devamlılığı için her şeyi bir arada tutar.

Akaşa ise bütün bu süreçte hep mevcuttur. Akaşa bütün elementlere alan sunan elementtir. Dünyaya da bu evrende yer kaplayacak bir alan sunar.

Elementleri dengelemek, içeride ve dışarıda kusursuz iletişimi, kusursuz denklemi oluşturmak için elzemdir. İlerleyen sayfalarda bedenindeki reaksiyonların elementler üzerinden sana söylediğini, iş hayatında, ilişkilerinde, sosyal yaşamında anbean oluşan hislerinin yine elementler üzerinden sana ne şekilde rehberlik ettiğini kolayca okumaya başlamış olacaksın. Hislerinin aracılığıyla, bütünle iletişim kurmayı öğreneceksin.

Yaşamının her anında, element değerlerinin azalıp çoğalarak sana ne şekilde yol gösterdiğinin farkında olacaksın.

Kısaca açıkladığım dört elementin yanı sıra seni bambaşka bir elementle daha tanıştırmak isterim.

Akaşa...

Evet!

Akaşa, beşinci elementtir ve bütün duygular içinde kodlanır. Ayrıca tek niteliği titreşimdir. Özellikle sesle çalışır. Bu yüzden Akaşa'nın sürekli boşaltılması gerekir.

Elementler üzerinden yaşamını okumaya başlarken unutmaman gereken çok değerli bir soru veriyorum sana. Bu soruyu kaybettiğinde birtakım kavramlar, işaretler ve semboller arasında el yordamıyla ilerlemeye çalıştığın eksik bir çabanın içinde bulursun kendini.

Unutma ki hayat, elementler aracılığıyla seninle konuşur.

Dolayısıyla yaşam yolun boyunca kaybetmemen gereken tek soru şu olacaktır:

"Hayat bana ne anlatıyor?"

Böylece kimin sana ne söylediğiyle ilgilenmezsin, sana konuşanın kim olduğu önemini yitirir, kimseye minnet duymadığın gibi kimseyle mücadeleye de girişmezsin. Çünkü bilirsin ki seninle konuşan hayattır, kişiler değil...

Hayat Bana Ne Anlatıyor?

Duyguyu elementle tanımak çok önemli... Elementler üzerinden hayatının her alanında ve her anında okuma yaparken hiçbir zaman bireysel yaklaşımlarda bulunamazsın. Kimsenin seninle bir derdi yok. Hayatın da... Ancak hayatın sana anlatmak istediği şeyler var ve bazen ihtiyacın olanı sana buldurmak için bir elementi çalıştırırken başka insanları aracı kılabilir.

Hiçbir şeyi kişiselleştirmeden tam bir tarafsızlıkla elementleri gözlemek, hayatla muhteşem bir iletişim kurmanı sağlayacaktır.

Tanıdığın ya da hiç tanımadığın insanların sende bir duygu oluşmasına neden olan sözleri ya da davranışları bile senin bir elementini yükseltebilir. Sende duygu oluşturan ve elementini tetikleyen herkesi, kimliklerinin uzağında tutmalı ve onları birer mesajcı olarak görüyor olmalısın.

Kimin sana ne dediği ya da ne yaptığı değil, gelen mesajın sana ne anlattığına bak, hangi elementini tetiklediğini fark et ve çalışman gereken alanın ne olduğunu sapta. Hangi element ortaya çıkıyorsa, hayat sana o element üzerinde çalışman gerektiğini söylüyordur. Bakman gereken yer orasıdır.

O halde hayatı okumaya başlayalım.

Bak bakalım hayat elementler üzerinden sana ne anlatmak istiyor...

Kitap boyunca birtakım terimler kullanıyor olacağım. Bu terimler birbirine yakın gibi görünseler de anlamları farklı...

İyi bir okuma yapabilmen için terimleri birbirine karıştırmaman çok önemli...

Elementin az çalışması, düşük olması veya zayıf olması dediğimde, o elementin bedende gerektiği miktarın altında çalışmasından bahsediyorumdur. Yani bedende yetersiz oranda tezahür ediyordur.

Elementin çok veya yüksek olmasından söz ettiğimde, elementin bedende fazla olduğundan, gereğinden çok çalıştığı için zarar oluşturabileceğinden bahsediyorum aslında. Yani çok olması da az olması da yerine göre avantaj yerine göre risk içerir.

Elementin dengeli çalışması ise, ihtiyaca karşılık geldiği kadardır.

Elementin yoğun veya güçlü çalışması ise, o elementin bir bedende gösterebileceği en iyi etkinliğe ulaşmış olması demektir. Dolayısıyla elementin çok olmasından ziyade yoğun olması tercih edilir.

III. BÖLÜM

Elementlerle Hayatı Okumak ve Yeniden Yazmak

अग्नि

ATEŞ

Ateş elementinin nitelikleri sıcaklık ve soğukluktur. Ateş başlatandır. Harekete geçiren, eyleme sebep olandır. Ateşin devam ettirme gayreti yoktur. Sadece başlamak ve yapmakla ilgilidir. Fiziksel eylemlerden sorumludur.

Ani hareket ve başlatma özelliğinden dolayı analitik düşünmez. Üzerine çok kafa yormak yerine, çok hareket etmeyi tercih eder.

Başlayabilmek için dayanıklılığı, kimliği ortaya çıkarır. Ateşin en büyük özelliklerinden biri kendini bilmesidir. Ateş "Ben kimim?" bunu bilir ya da bildiğini düşünür. Bildiği noktada bildiği kişi "ben" midir? İşte o da su elementinin konusudur.

Ateş yenilik arayışındadır ve bu yüzden hareketi ardı ardına sürdürür.

△ **Duygularda ateş elementi:** Serinkanlılık, maymun iştahlılık, şıpsevdilik, öfke, hırs, bencillik, şiddet, dominantlık ateş elementiyle ortaya çıkar.

△ **Bedende ateş elementi:** Ateş elementi bedende hareketi ortaya çıkarır. Özellikle el, ayak, dil, kalp, mide gibi organların hareketini tetikler. Bedeninde ateş elementi yüksek olanlar sıkça hareket etmek isterler. Zihinleri çok aktiftir ve düşünceden düşünceye atlarlar. Bir olay üzerinde uzun süre odaklanamazlar. Bir olay üzerinde vakit harcamaktansa, konudan konuya geçme eğilimindedirler.

"Ben şunları hemen içeri götüreyim, masada kalmasın."

"Marketten bir şey mi alınacak, hemen gideyim."

"Yarına bırakmayalım, bugün hemen halledelim."

"Saat çok geç olmuş ama hiç önemli değil, ben hemen gider alırım."

Ateş elementi dengede olduğunda yemek ve konuşma da dengededir. Ateşi dengede olan, kararında yer ve kararında konuşur. Konuşmak için konuşmaz. En iyi konuşmacılar dengeli ateş elementine sahip olanlardır.

Ateşi yüksek olanlarsa dillerini tutamazlar. Ağızlarına geleni tartmadan yani hava elementinden geçirmeden doğruca sarf ederler. "Ağzından ateş püskürdü" sözü tam da bu durumu ifade eder.

Ateş elementinin dengesizliği iştahı da dengesizleştirir. Mide asidik bir ortamdır. Fiziksel olarak bu bölge ateş elementini tezahür ettirir. Ateşin dengesiz olması çeşitli mide rahatsızlıklarına yol açar. Ancak ateş dengelendiğinde rahatsızlıklar ortadan kalkabilir.

Mideyle ilişkisinden dolayı, ateş elementi iştahla doğrudan ilişkilidir. İştahı düzenlemenin yolu ateş elementinin düzenlenmesinden geçer.

Ateş elementi yüksek olanlarda yaptığı hareketin sonuçlarını planlamadan ve devamının gelip gelmeyeceğini umursamadan sadece hareket etme eğilimi söz konusudur.

Ateş elementi, bedene dayanıklılık hissi verir. Ayrıca kişinin kendi limitlerini görme isteğini uyandırır. Dayanabileceği noktayı keşfetme isteğini artırır. Ateşi yoğun olanların kendilerine, başkalarına ve hayata meydan okuma eğilimleri de yoğundur. Adrenalin sporlarıyla ilgilenenler de ateşi yoğun olanlardır.

Ateşi yüksek veya yoğun olanlar eşya taşınırken en ağır yüklerin altına girmek isteyebilir. "Ben taşırım hiç önemli değil" der. Uzun yolculuklarda hiç mola vermeden yola devam etmeye çalışır. Açlığa, tuvalete, uykusuzluğa direnir. Bir anda iki ağır valizi kucaklayıp merdivenlerden üst kata taşıyabilir. Serinkanlılık ve kuvvet ateş elementinin gücünü gösterir.

Dayanıklılığı yüksek olanda ateş elementi iyi çalışıyordur. Dayanıksız olanlarda ise ateş elementinin zayıf olduğu söylenebilir. İki poşet bile taşıyamayacak haldedir, elinde küçük bir poşetle marketten çıkmak istiyordur. Bir kat merdiven tırmanamayacaktır, bir katı çıkabilmek için dakikalarca asansör bekleyecektir, şimdi değil hep sonraya erteleyecektir işlerini.

Ateşin bedende en iyi gözlemlendiği yer karın bölgesi, karın kasları ve bel bölgesidir. Hayatındaki eylemleri sürekli erteleyenlerin veya maddi dünya kaygıları yaşayanların bel bölgelerinde, bel fıtığı gibi rahatsızlıklar oluşabilir.

"Yarın olsun bakarız..."

"Önce çocuğumun işi görülsün, benim işim acele değil, önemi yok..."

"Önce halletmemiz gereken başka şeyler var, onu daha sonra düşünürüz..."

Bu söylemler çoğunlukla ateş elementi düşük insanların ağızlarına yerleşik haldedir. Sonunda bel bölgelerinde yaşadıkları sıkıntılar ve rahatsızlıklar ateş elementinin infilak etmesiyle çıkar ortaya. Ateş elementinin patlamaması için o enerjinin doğru kullanılabiliyor olması, ertelenmemesi ya da biriktirilmemesi gerekir.

Kullanılmadığı için infilak eden ateş elementi çoğunlukla iç organ hastalıkları, mide, kalp hastalıkları ve bel sakatlıkları şeklinde kendini gösterir.

"Madem sen o işi yapamadın, her şeyi erteledin, o halde sende şimdi bu rahatsızlık ortaya çıktı, ertelediğin işleri artık hiç yapamayacaksındır. Çünkü ateş enerjini eylemlerine değil, rahatsızlığına harcadın, treni kaçırdın" demektir bu bölgelerde ortaya çıkan sağlık sorunları.

Harekete geçmen gereken zamanda vücudunda bir yerde ağrı başladığında, mesela karın ve bel bölgesinde ya da kalpte bir rahatsızlık hissettiğinde, ateş elementin orada yükselmiştir ve açığa çıkmak üzeredir.

Harekete geçmediğinde bu enerjinin, rahatsızlık olarak kendini ortaya çıkarması an meselesidir. Yani harekete geçmek için artık son şansındır, eylemi başlatmadığında enerjin başka bir yoldan boşalacak, bel ve karın bölgesinde ya da kalpte enerjinin boşaltılarak dengelenmesi için bir rahatsızlık oluşturacaktır.

Enerjinin doğru zamanda kullanılması çok önemli... Ertelenen işler çok sonra hayata geçse de yaratabileceği yüksek etkiyi yaratmaz. Mesela bir kitap yazmak istiyorsun diyelim. Bunun için enerjin gayet yüksek, ateş elementin tetiklendi ama sen bu işi türlü bahanelerle sürekli erteledin ve doğru zamanda kitabı yazıp bitirmedin. Elbette çok sonra kitabı yazabilirsin ancak o alanda enerji artık boşalmış olacaktır. Kitaba hareket gelmeyecektir, içi dolmayacaktır.

Ateş elementinin zayıf çalışıyor olması hareketsizliğe ve kişinin yaşam yolculuğundaki amacını gerçekleştirememesine neden olur. Kişi güvensiz ve silik bir karaktere sahip olur. "Ben" demeye yetecek gücü veya cesareti bulamaz.

Her elementin dengede olması çok değerlidir ancak ateş elementinin düşük olmasını kesinlikle istemeyiz. Tabii ki sürekli yüksek bir ateş elementi taşımak da çok risklidir ve yorucudur.

Yine kitap yazmak örneği üzerinden ilerlersek, yazı yazmak konusunda iyi çalışması gereken elementlerin hava ve sudur. Hava aktarıcı element olduğu için yazarak aktarmak noktasında bu elementle işbirliği içinde olacaksındır.

Yazarken derinleşip düşüneceğin için de diğer dengeli çalışması gereken elementin su olacaktır. Ancak bu noktada sen ateşi yüksek biriysen kitaba yoğunlaşman kolay olmaz. Her ne zaman yazının başına otursan "Şu işimi de halledeyim öyle oturayım yazının başına, aradan şu işi de çıkarayım öyle halledeyim, önce yemek yapayım, ortalığı toparlayayım, arada kahve yapayım, aklıma gelmişken markete de gidip geleyim ondan sonra otururum bilgisayarın başına..." derken aslında en çok ihtiyacın olan konsantrasyon bir türlü gerçekleşmez. Ateşin çok yükselmesi konsantrasyonu dağıtırken, ateşin az olması, fiziksel ve düşünsel açıdan hareketi azaltacağı için, konsantrasyonu destekler. Ancak ateşin dengeli olması konsantrasyonu mükemmel kılar.

Ateş azaldığında hareket etmek istemediğin için konsantrasyonu sağlama olasılığın artacaktır ancak buna rağmen ateş elementinin azalmasını kesinlikle istemeyiz. Çünkü ateş elementi "ben" bilincini ortaya çıkaran elementtir. Diğer bir deyişle egodur.

Ego, genelde düşünüldüğü gibi düşman değildir. Ego, kişinin "olma" haline geçene kadar evrende yer aldığı noktayı bulmasına ve o noktadaki varlığını ortaya koymasına yardımcı olan kaptandır. Ego iyi veya kötü değildir, nasıl şekillendirildiğine göre sonradan iyi veya kötü sıfatlarını alır.

Ateşin azalmaması en çok da bu yüzden önemlidir. "Ben" diyebildiğin alanı kaybettiğinde kim olduğun bilincini yitirir, varlık bilincini kaybedersin.

Ateşin artmasının da azalmasının da faydaları vardır kuşkusuz ancak ateşin azalması çok büyük bir benlik kaybı dezavantajına neden olacağı için risklidir.

Mesela aile ilişkilerinde ateş elementin düştüğünde kim olduğun bilincini kaybeder, bundan böyle hep başkaları için bir şeyler yapmaya çalışırsın. Böylece depresyon baş gösterir çünkü benliğini, varlık bilincini, değer duygunu kaybetmişsindir ve olanı anlamak için derinleşmeye ihtiyaç duyarsın. Diğer bir deyişle "deep-resting" başlar ve derin bir mola verme isteği ortaya çıkar. Su elementi yükselir ve "Kendimi bulmam için durmam lazım..." dersin. Bu nedenle ateşin çok azalması istediğimiz bir şey değildir.

Yeri gelmişken şunu da hatırlatmak isterim ki her element, her kişide ve her alanda ihtiyaca göre farklı tezahür eder. İş hayatında ateş elementi yüksek, fark edilen, parlak biri, ev hayatında yüksek ateşli olmayabilir. Her elementin, her alanda ve her kişide farklı tezahür ettiğini unutmadan okuma yapabiliyor olmak çok önemli...

Ateş tamamen seninle ilgilidir. Sen kimsen ateş odur. "Ben" dediğin noktadır ve bedensel eylemlerdir.

Konu eğer kendinse, ateş elementinden başlanır işe. Çünkü ateş başlama eylemidir, harekettir.

Bir işe başlamak, yürümek, kalkmak, çay koymak, saçını taramak, çantanı hazırlamak, kitabın kapağını açmak, telefonun tuşlarına basmak... Bütün fiziksel hareketler ateş elementidir.

Ateşi hangi alanda ne kadar kullandığına bak. İşinde ne kadar ateş var, ne kadar "ben" diyebiliyorsun, evinde ne kadar ateş var, ne kadar "ben" diyebiliyorsun? Kendini izle...

Ne kadar "ben" diyebiliyorsan, o kadar fark edilir olursun...

Daha önce de belirttiğim gibi ego kötü bir nitelik değildir. "Ben" diyemediğinde zaten kim olduğunu da bilmezsin. Bu da kişilik sorunu doğurur.

"Ben dediğim kişi kim?" sorusuna vereceğin yanıt ateşle ilgilidir.

Ayrıca kendini nasıl seslendirdiğine dikkat etmeni öneririm. Çünkü ifaden, ateşinin nerede yandığını belirler.

Yaşadığın şehirde en iyi on işletmeciden biriysen bunu dillendirmen gerekir. "Ben yaşadığım şehirdeki en iyi on işletmeciden biriyim..." diyerek kendini ifade ettiğinde ateşinin nerede yandığını göstermiş olursun, kendi konumunu belirlersin. Artık herkes sana, kendine belirlediğin konum üzerinden bakıyordur. Yaşadığın şehirdeki en iyi on işletmeciden birisindir herkes için...

Bunu hiçbir zaman ifade etmediğinde, dile getirmediğinde varlığın ilk on işletmeci arasındaysa bile, oradaymışsın gibi görünmezsin. Böyle bir durumda ilk on işletmeci arasındaki yerini dolduramayabilir ve bu yeri yitirebilirsin. Bu yüzden kendinle ilgili nitelikleri söylerken, bunu aslında somut alanda konumlandırmak için kullandığın sürece egonun bilinçli şekilde var olmasına olanak sağlarsın.

Alçakgönüllülük elindekine alçaklık etmektir. Elindeki şeyin kıymetini bilmek, gönlünü alçaltmadan nerede olduğunu ifade edebilmekten geçer. İnsanın alçakgönüllülük gösterme çabası yapaydır. Gönlün neredeyse, oradasındır. Alçaltmaya-yükseltmeye gerek yoktur.

Alçakgönüllüler ellerinde tuttukları niteliğin değerini varlıkta düşürmüş olurlar. O niteliğin övülmesi, değerinin dillendirilmesi veya onurlandırılması önemlidir. Aldatılma örneğini hatırla mesela. Onurlandırmayan nitelik, değeri bilinmeyen, alçaltılan nitelik aldatılmayı getirir. Varlığı onurlandırmadığında, şifa su elementinin aldatmasıyla gelir.

"Ben en iyi işletmecilerden biriyim..." dediğinde varlıktaki yerini belirlersin. Olduğun yeri onurlandırırsın. Bu güzel bir kadına "Çok güzelsin..." demek gibidir. Sözün kibirden bile gelse, başta da söylediğim gibi "iyi" veya "kötü" yargısından özgürdür.

Kibir, ateş elementinin bir ürünüdür ve kişinin varlık içindeki konumunu görmesi adına ortaya çıkar. Kibir kelimesine harf ilmiyle bakıldığında varlıktaki konumunu ve yerini iyi bilmek, bunu görünür hale getirmek anlamı çıkar.

Elbette kibir duygusunda tıkanıp kalındığında element doğru şekilde kullanılmamış olur, element dengesizce kişiyi kullanır hale gelir. Unutmamak gerekir ki burada amaç duyguda kalmak değildir, duygunun hangi elementten çıktığını hatırlayarak o elementin ne istediğine geri dönmek ve elementin ihtiyacını cevaplamaktır.

Görünmek için ışıldıyor olmak gerekir. Bu yüzden ün de ateş elementindedir. Ne kadar "ben"in farkındaysan ve "ben" olabiliyorsan ünün de o derece ortaya çıkar.

Konu ün olunca ileride işleyeceğimiz Akaşa elementinden de biraz söz etmemiz gerekir.

Ses büyüme ve gelişmeyle ilgilidir ve Akaşa elementinin bir niteliğidir. Kişinin ne kadar büyüyebileceği ya da ne kadar küçülmesi gerektiği Akaşa elementiyle belirlenir. Birinin ünlü olup olamayacağı, bir kitabın çok okunup çok okunmayacağı sadece ateşle değil aynı zamanda Akaşa elementiyle söylenebilir. Akaşa elementinde ne kadar alan varsa, o kadar insana ulaşabilirsin.

Star ışığı olanlarda, ateş ve Akaşa elementi çok güçlü çalışır. Ateşi o kadar kuvvetlidir ki ışık saçıyordur, Akaşa'sı o kadar geniştir ki ışığının yayılabileceği kadar alanı vardır.

Ancak sadece ateşi yüksek olsa ve alanı bulunmasa ne olurdu?

O zaman sadece küçük topluluklar içinde bilinir olurdu. Mahallede, okulda, iş çevresinde... Çünkü daha çok kişiye ateşini yayacak kadar yer bulamazdı.

Hayatta çok yetenekli insanlarla zaman zaman karşılaşırız. Büyük şeyler yapabilecek kadar yeteneklidirler. Ama yine de "Star ışığı yok!" deriz. Yani bir yıldız kadar geniş bir alana parlayamaz. Sadece küçük bir çevreyi aydınlatabilecek kadar Akaşa'da yeri vardır.

△ **Ateş elementini dengelemek:** Her element önce kendisiyle dengelenir. Ateş elementini dengelemenin en etkili metotlarından biri fiziksel egzersizlerdir. Ateş kalple ilgili olduğu için özellikle kalbin yüksek performansta çalışmasını sağlayan güç ve dayanıklılık gerektiren egzersizler ateşi dengeler. Ateş ayrıca mideyle de ilgili olduğu için diyetler ve oruç da ateş elementini dengeler.

Kendimden örnek verecek olursam; o kadar yoğun çalışıyorum ki ateşim sürekli yüksek olduğu için günde bir öğün yemek yiyorum. Fazla ve birbirinden farklı işler yaptığımdan *–aynı anda 3 kitap yazmak gibi–* sürekli ateşimi tetikleyerek günde 15-20 saat çalışıyorum neredeyse. Ateşim öylesine güçlü çalışıyor ki, günde bazen tek öğün beslenerek bazen tüm gün oruç tutarak ateşimin dengesinin bozulmasını engelliyorum.

Sen de yoğun ve keyifli çalıştığın günlerin sonunda "Bugün yemek yemeyi bile unuttum..." demişsindir mutlaka. Aslında yemek yemeyi unutmamıştın. Ateşin öyle güzel çalışıyordu ki, arada yemek yemiş olsaydın ateş dengen bozulurdu. Yaptığın işleri tamlık halinde, yani hakkını vererek, coşkuyla gerçekleştiremediğinde ateş elementinin dengesi bozulacaktır.

Ateşin düşük olduğunda dengelenmek için daha sık yemek istersin. Mideyi sürekli çalıştırırken sobaya sürekli kömür atarak ateşi harlamaya çalışıyor olursun. Sobanın ateşi yüksekse kömür atmazsın, yemek istemezsin çünkü soba zaten cayır cayır yanıyordur.

Dayanıklılık gerektiren sporlar ateşin güçlü ama dengeli yanmasını sağlar. Ateşi en güçlü koşanı herkes tanır. Usain Bolt gibi... Ateş aynı zamanda dayanıklılık da olduğu için ateşi en güçlü bisikletçiyi, araba yarışçısını da tanırız. Dikkat edersen ateşi çok yanan demiyorum. Ateşi çok olan değil güçlü olan fark edilir.

Ateş elementi üzerinde çalışarak, fark edilirlik yaratmak tabii ki mümkün...

Ancak her insanın doğuştan getirdiği bir ateş potansiyeli vardır. Mesela senin yaşam yolculuğunda, varlık sebebin milyonların tanıyacağı bir ünlü olmak değilse ateş elementinin hiçbir zaman ulaşamayacağı bir seviye söz konusudur. Dharma'ndan dolayı limitin binlerce kişinin aynı anda görebileceği kadar yanmak olabilir.

Örneğin senin bu hayattaki yaratılış gayen toprak elementiyse, ateşine hiçbir zaman yeterince yer kalmayacaktır. Çünkü senin asıl kendini gerçekleştirdiğin yer topraktır. Dolayısıyla hiçbir zaman çok ünlü veya ünlü olmayacaksındır.

△ **İlişkilerde ateş elementi:** Ailede ateş elementi yüksek olanlar aile içinde kalıcı olamıyor. Ateş elementi dünya üzerinde bir süredir öylesine yüksek ki boşanmaların artmasına neden oluyor.

Sürekli başka birine yönelme, yeni ilişkileri başlatma, yeni birini tanıma ya da kendini tanıtma ihtiyacı tabii ki egoyla, dolayısıyla da ateşle ilgilidir.

"Beni o da tanısın..." dediğin noktada ilişkin kopmaya başlar. İlişkide ateş elementinin çok yüksek çalışıyor olması ilişkide kalamama ve ilişkiden kopma sonucuna yol açar.

İlişkide ateş elementi çok düşük olanlarsa, şiddete maruz kalan kişiler olarak çıkar karşımıza. Ateşi çok düşük olduğu için karşı taraftan sözlü, fiziksel ya da psikolojik şiddet görüyordur ki ateş enerjisi yükselsin.

Eşlerinden fiziksel şiddet gören kadınlara baktığımızda, neredeyse hepsinin ateş elementi açısından eylemsiz insanlar olduğunu görürüz.

İlişkide ateşi zayıf kişilerin maruz kaldığı şiddet büyük bilinçte ateş enerjisini tetiklemek içindir. Şiddeti uygulayan taraf olarak görünen aracının büyük bilinçteki amacı karşı tarafın ateş enerjini yükseltmektir. Eşlerden birinin ateş elementi çok düştüğünde diğerininki öyle yükselir ki yüksek ateşini karşı tarafa aktarmaya başlar. Daha önce de dediğim gibi, ateş enerjisinin düşmesini hiçbir zaman istemeyiz. Benlik alanının yitirilmemesi çok önemli...

Tabii ki ilişkilerdeki şiddet ille de eşin fiziksel alanına yönelik olmayabilir. Eşyalara vurup, ortalığı kırıp geçirmek, kapıları çarpmak da aynı şeydir.

Bu tür ilişkilerin bir şekilde sürüp gittiği de gözlemlenir. Yüksek ateşle düşük ateş birbirini dengelediği için süreklilik gösterebilir.

Sen ateşi yüksek biriysen ateşi düşük olan eşinde denge bulduğun için başkasına gitmek istemeyebilirsin. Eşinin ateşi zayıftır ve sen onunla bütünleniyorsundur. Ona bağırdıkça, kapıları çarpıp eşyaları kırıp döktükçe ateşin dengeleniyordur.

Ancak eşinin ateşi dengeli olmuş olsaydı ona bu tür şiddet patlamaları gösteremezdin. İlişkideki yüksek ateşini dengeleyebilmek için karşında ateşi düşük birinin olması gerekir. Yüksek ateş enerjini eşinde dengeleyemediğinde kendini anlatmak ve enerjini paylaşmak için başkasına yönelebilirsin. Ego "Ben buyum!" demek için başkasına gitmeyi tercih edebilir.

Aile ilişkisinde ateş enerjisinde olmanın sebebi toprak elementinin ortaya çıkamamasındandır. Toprağın zayıflığından dolayı aile alanında toprak yani bağlılık, sadakat ve özveri ortaya çıkmıyordur.

Ateşi dengeleyen element her ne kadar suymuş gibi görünse de aslında ateşi yine ateş ve toprak dengeler. Toprak ortaya çıktığında ateş dengelenmeye başlar. Ateş hareket, toprak da hareketin devamlılığı olduğu için birbirini dengeler.

△ **Ateş ve ateşin ilişkisi:** Çiftlerden birinin bile ateşi dengeliyse o ilişki mükemmeldir. Çiftlerin karşılıklı ateş elementlerinin yüksek olması iki tarafın da "ben" demeyi sevmesi demektir. Dolayısıyla sürekli bir çatışma hali söz konusu olur. Kavgalar, dışarı kaçmalar, aldatmalar yaşanır. Çünkü iki taraf da "ben"lerinin görünmesini ve onurlandırılmasını bekler. İki tarafın da ateş enerjisi yüksek olduğunda başka şeylere yönelebilirler, ortak alanda buluşmaları zor olabilir. Birbirlerine pişman olabilecekleri şeyleri sıklıkla söylerler.

"O zaman ayrılalım!" cümlesi genelde ateş elementi yüksek çiftler arasında sarf edilir.

Ateş elementinin sürekli yenilik arayışı içinde olması ve maceracı yanı ilişkiyi canlı ve hareketli tutar. Ateş yüksek olduğunda fiziksel hareketten ikisi de hoşlanacağından birlikte bolca hareket ederler. Birlikte spor yapmayı severler. Birbirlerinin hareketliliğine ayak uydurdukları için daha iyisini bulamayacaklarını düşünüp, ilişkide bağlılık yaratabilirler.

Ateş elementi düşük olduğunda ise, hareketsizlik söz konusudur. İlişkide bir tarafın ateşinin düşük olması doğal olarak diğer tarafın hareket eğiliminin karşılıksız kalmasına neden olur. Bu durumda ilişkide birlikte hareket etme yetisi kaybolur. Tatilde biri sürekli gezmek isterken, diğeri günün yarısını belki bir kafede oturarak geçirir. Bir tarafın ateşinin düşük olması diğer tarafın rahatlıkla "ben" diyebilmesine müsaade etse de, kendisi "ben" diyemediği için arada öfke patlamaları yaşayarak "Peki ya ben?" demeye başlar.

Ateşi yoğun ya da yüksek olan partnerle ateşi düşük olan partner arasında yaşanabilecek konuşmalar aşağı yukarı şöyledir:

A.Y. partner: *"İşten sonra spora gidelim mi? Sonra da arkadaşlarla Florya sahilinde buluşuruz?"*

A.D. partner: *"Bugün pek halim yok, yarın bakarız."*

A.Y. partner: *"Ben eve gidip oturmak istemiyorum, sen de hep böyle yapıyorsun zaten. Ben işten çıkınca spora gidiyorum o zaman. Çıkışta da arkadaşlarımın yanına uğrar eve dönerim."*

A.D. partner: *"Peki ben ne yapacağım?"*

A.Y. partner: *"Üşenmezsen çıkıp gelirsin, telefonum yanımda."*

△ **Ateş ve toprağın ilişkisi:** Ateşi dengeli, yoğun, düşük hatta yüksek bir sevgili, toprağı güçlü bir sevgiliyle dengeli bir ilişki kurabilir. İlişkide ateş olan kişiler toprakla adeta dans ederler. Toprak enerjisi, yüksek ateş enerjisini topraklayarak dengeler. İlişkideki güven ve aidiyet hissini artırır.

Toprak, dengelediği ateşi alıp onunla birlikte şekillenir. İlişkiye çömlek şeklini verir ki içinde havanın olacağı, ilişkide nefes alınabilecek bir alan oluşsun. Böylelikle bu alana su elementini de aktarmak mümkün olur ve ilişki derinleşebilir. Toprak kararlı ve sabit olmasaydı, yüksek bir ateşi ilişkide tutamazdı. Toprak, ateşe geniş bir yer açar adeta.

"Ben o kadar toprağım ki sen istediğin kadar egonu bu alanda ortaya çıkarabilirsin. İstediğin kadar sen olabilirsin. Benim seni görecek kadar yerim var..." der. Ne var ki toprak "Yeter ama, hep sen, hep sen... Sürekli senin dediğin oluyor, bıktım!" demeye başladığı an ateş enerjisini baskılamaya başlar.

Toprak enerjisi zayıflamışsa, yüksek ateş enerjisine "Benim yeterince toprağım yok. Senin her istediğine yer açamıyorum. Egonu alacak kadar toprağa sahip değilim..." diyordur aslında.

Toprak güçlüyse yüksek ateş enerjini eylemde de dengeler. "Şuraya gidelim..." dediğinde "Tamam gidelim..." karşılığını verir hiç zorlanmadan, en olağan akışıyla... Bu da sağlam bir toprağın yükse ateş enerjisini dengelemesi, topraklamasıdır.

Bir nevi yüksek ateşin, bir seramik sanatında ustaca kullanılması gibidir. Böylece yüksek ateş enerjisine sahip olan tarafın öfkesi ortadan kalkar, çünkü zaten ateşini kullanabiliyordur. Öfkelenmesine gerek kalmıyordur, çünkü enerjisi zaten harekete dönüşüyordur. Harekete dönüştürülemeyen noktada tabii ki patlamalar yaşanır.

Toprağı dengeli olan kişiyle ilişkisi olan bir ateş elementinin hayatına bereket gelir. Ateşin doğasında biriktirmek yoktur. Motivasyonu tamamen tüketmektir. Topraksa parayla olan sağlam ilişkisinden dolayı, ilişkiye bereket getirir, ürün çeker. Toprağın biriktirme kabiliyeti olduğu için, ilişkiye tüketim dengesi kazandırır.

Toprak bedendir. Ateşse eylemlerdir. Toprak bedende kalmayı sevdiği için, ateşin eylemsel ihtiyaçları bedenine hizmet ettiği sürece ateş için karşılanabilir olur.

△ **Ateş ve havanın ilişkisi:** Ateş girişken, hızlı, aceleci, eylem arzusu içinde olduğundan hava enerjisi bunların hepsini uygulanabilir hale getirme hatta uygulanabilir olma noktasına taşıma konusunda etkili çalışır.

Hava elementi iletme ve taşıma gücü sayesinde ateşin aceleciliğine ve yüksek enerjisine kolaylıkla yer tutabilir.

Örneğin ateşi yüksek kişi "ben" demeyi sever, egosunu başkalarına tanıştırmaktan hoşlanır, kendini göstermek ister ve hava elementi kuvvetli çalışan kişi, iletişim yeteneği sayesinde ona kendini gösterme fırsatı bulabileceği zengin ortamları sunar, alan açar. Havası güçlü kişi, onun yerini kendi "ben"iyle kapatmaya çalışmaz. Onun yerine ona bütünleyici yaklaşır.

Ateşler, hava elementi yüksek olanları "havalı" ve çekici bulur. Havaların zekâsı ateşe çekici gelir. Tabii ateş her zaman kendini daha önemli bulduğu için, bu ilişkide havayı yeterince onurlandıramayabilir.

Ateş enerjisi hareket ve değişiklik ararken, hava elementi de sosyalleşmeyi ve destek olmayı sever. Bu sayede bu iki kişi birbirlerinin ihtiyacını doğal olarak cevaplar.

Hava elementi düşük olanlar, ateşin gözünde havalı veya çekici değildirler. Ateş, kendi işine yarayacak yönlendirmelerden hoşlanır. Havası düşük olanlar, ateşi doğru yönlendiremezler. Ateş havanın yanında sönecekmiş gibi hisseder yani karşısındaki kişi adeta onu aşağı çekiyordur. Böyle bir ilişki çok uzun süre devam edemez.

△ **Ateş ve suyun ilişkisi:** Ateş duygusal değildir. Su elementiyse duygusaldır ve ilişkide derinlik arar. Bu duygusallık ateşe saçma, gereksiz veya zayıf görünür. Ateş harekettedir. Düşüncede ve duyguda sıkışıp kalmaktan hoşlanmaz. Ateş, alanı daraltıldığında nefes alamaz, tıpkı üstü kapatılan mum gibi söner. Bu yüzden suyla ateşin ilişkisi her zaman risk taşır.

Ateş aceleci, değişken ve yenilikçidir. Dolayısıyla su elementine "fazla" gelebilir ve ilişkide sorgulamaları tetikler. İlişkideki su kişisi beklemeyi, dinlemeyi ve gözlemlemeyi sever. Ateş gibi heyecan dolu hızlı bir hareket yerine, kendine ait bir "akış" içinde güvenle hareket etme arayışındadır.

Ateş sıklıkla kendi dediğini yaptırmak, kendi fikirlerini uygulatmak konusunda heyecanlı ve isteklidir. Su, "Sen neden böylesin, neden sürekli aynı şey yapıyorsun, ben de bu ilişkide varım, neden hep senin dediğin oluyor?" demeye devam ettikçe ateşin enerjisi kaçar. Ateş topraklanamaz.

Suyla ateş beklendiği gibi uyumla çalışmaz aslında. Su ateşi desteklemediği gibi söndürebilir de. Ateş "ilk" iken su "son" gibidir.

Ateş "Bugün ne yapalım sevgilim?" diyerek günü planlarken su "Biz ne zaman nişanlanacağız, ne zaman evleneceğiz, ne zaman çocuk yapacağız?" diyerek geleceğe bakar. İçeriği sorgular. Ateş günün tadını çıkarmaya çalışırken suyun yapısı duygusal ve ileriye dönüktür. Bu açıdan birbirlerine ayak uyduramazlar.

Halbuki ateş, suyla olabilecek bir alana da sahiptir her zaman. Çünkü suyun bile ateş elementiyle doğal olarak uyumu vardır. Lakin bu dengeyi bulmak zordur ama imkânsız değildir.

Su kusursuz bir dengedeyse, zaten aklı geleceğe ve planlamaya gitmez, kusursuzca şu anın içindedir. Çünkü suyun geçmiş ve gelecekle olan savaşı şu anı arayışındadır. Dengedeki bir su kişisi duygusal arayışta olmadığı için, ateşle doyurucu bir ilişki yaşayabilir. Lakin böyle bir ilişkide de çiftler sıkça görüşemezler. Sık görüşmeleri ilişkiyi yine zorlaştırır. Ateş, suyla ilişki yaşıyorsa sürekli seyahat ettiği bir işe sahip olmalıdır. Bu sayede ilişki canlı ve dinamik kalır.

İlişkinin evreleri de elementlerin sırasıyladır. Ateş (tanışma, etkilenme, başlatma), toprak (görüşme, sürdürülebilirlik), hava (konuşma, sohbet, ilişkiyi ileri bir adıma taşıma), su (derinleşme, sorgulama, tefekkür, tamamlanma).

△ **Cinsellikte ateş elementi:** Ateş enerjisi yoğun veya yüksek bir ilişkide cinsel çeşitlilik ve renklilik artar. Cinsellik, bu ilişkide ön plandadır. Bedensel çaba ve eylem yoğunluğu söz konusudur. Cinsel ilişkide yönetilmeyi severler, özellikle hava elementi tarafından... Partnerine zevk vermek için ona vurmaktan kaçınmazlar. Hatta ateş elementi yüksekse vurmanın dozu kaçabilir bile.

Ateşi düşük bir cinsel hayatta "Sevişelim bitsin!" düşüncesi hâkimdir... Sadece yapmış olmak için yaşanan bir deneyim söz konusudur. Bu yüzden ilişkide cinsellik ön planda olmaz.

İlişkide ateş ne kadar güçlüyse birlikte keyifle bir şey yapma kabiliyeti o kadar artar.

Ateş enerjisi düşük ilişkide eşler sevişmek yerine oturup televizyon izlemeyi tercih edebilir.

Dengeli ve kuvvetli çalışan ateş enerjisi, cinselliği heyecanlı kılar. Ancak fazla yoğun ateş enerjisinde sürekli bir çeşitlilik arayışı ve sürekli birleşme arzusu baş gösterir ve çiftler sevişmek dışında başka bir şey yapmaktan keyif alamaz ki bu durum ilişkiyi sığlaştırabilir.

İlişkilerin ilk evresi ateştir. Ancak yoğun ateş enerjisinde kalan bir ilişki ikinci evreye yani toprak evresine geçemez. Ateş evresi sadece cinsellik konusunu içermez elbette. Çiftlerin birlikte hareket ederek ilişkiyi yaratma, kurma evresidir.

Her gün bir yere gitmek, seyahate çıkmak, etkinliklere katılmak, sinemaya gitmek, aktivite peşinde koşmak ateş evresidir. Burada egolar karşılaşır ve kendilerini çeşitli etkinliklerle birbirlerine tanıtırlar. Oysa toprak enerjisiyle birlikte durmak, sürdürülebilirlik yakalamak, yan yana oturmak, aidiyet yaşamak evresine de geçilmelidir. Yani topraklanma evresi de şarttır. Çiftlerden biri evde kitabını okurken, diğerinin çekmecelerini düzenleyebilmesi gerekir mesela. Çiftlerin birlikte durabilme evresi de çok değerli...

△ **İş hayatında ateş elementi:** İşte ateş yüksek çalışma kabiliyeti sağlar. Ateş elementi güçlü olanlar çalışkan olurlar. Özellikle bedensel açıdan yüksek performans gösterirler.

Ateş elementi yüksek olduğunda hırs da ortaya çıkarır. Daha yüksek mevkilere ulaşmak, çok iş yapmak, her işin üzerine atlamak, her şeyi ben yaparım demek ateşin iş hayatındaki yükselişidir.

İşte hırsın tabii ki dezavantajları vardır. Her şeyi yapmaya kalkmak pek çok şeyi yarım bırakmak ya da yeterince iyi yapamamış olmak sonucuna götürür.

Kişinin işteki ateşi çok yüksekse eğer, istediği kadar hırslı olsun toprak dengesi kuvvetli olmadığı sürece hiçbir şekilde yönetici olamaz. Ancak ateşin yanında toprağı güçlü olanlar yönetici olabilirler. Çünkü hem hareket etme kabiliyetleri çok yüksektir hem de harekette devamlılık gösterebilirler. Aynı zamanda çalışanlarına da alan sunma kabiliyetleri vardır. Toprak elementi güçlü olmadığında, kişi bu alanı tutamaz.

İşte ateş enerjisinin yüksek olması sık iş değiştirmeye sebep olur. Sürekli yenilik arayışı içinde olmak, sürekli her yeni fikrin peşinden koşmak işte devamlılığa, sahiplenmeye engel olur.

İşte ateş elementi yüksek olanlar, hızlı iletişim kurarlar. "Seni hemen arayacağım, hemen şimdi konuşacağım..." derler. Hızlı iş bitirme kabiliyetleri vardır.

Toprağı zayıfsa, fikirleri sürekli başkalarını besler, kendine faydası olmaz. "Fikirlerim, girişimlerim kendi hayatımda hiçbir şey başlatmıyor ama başkalarının hayatında bir sürü şeyi değiştiriyor..." serzenişleri yaşar çünkü hep başkalarını tohumlar.

"Mesleğimi iş alanındaki baskın elementime göre mi seçmeliyim yoksa elementimi mi mesleğime göre ayarlamalıyım?" diye sorabilirsin tabii ki.

Aslında ikisinin de olabileceğini söyleyebilirim ama sen kendine bir meslek seçmişsen onun sana elementler açısından zaten bir faydası olduğu için seçmişsindir. Dolayısıyla böyle bir durumda elementlerini mesleğine göre ayarlayarak doğru kullanman gerekir.

Örneğin gazeteciysen ateşin olmalı ki hep yeni haberler bulabilesin. Kitap yazacaksan havan olacak ki aktarım yeteneğin güçlü olabilsin.

Ateş elementi yüksek olanların işi oyunculuktur mesela. Bir işe başlar, yapar, tamamlar ve başka bir yeni role geçer. Daima yenilik, çeşitlilik, renklilik ve eylem halindedir.

Fiziksel güç gerektiren işler; yük taşımak, sirk sanatları, sporculuk, pazarlama, satış, borsa, eğlence sektörü, basın-yayın, televizyonculuk, radyoculuk da diğer ateş elementinin meslekleridir.

Toprak elementinde daha kalıcı ve uzun soluklu işler söz konusudur. Başladığında sonuna kadar devam etmek gereken işler... Mesela bankacılık, toprakla ilgili bir meslektir. Su elementinde daha derinlikli işler vardır. Felsefeyle uğraşmak, medyumluk, hipnoterapistlik, psikologluk gibi... Su elementini ilerleyen sayfalarda daha geniş açıdan işliyor olacağız.

İşini seçerken zaten kendindeki elemente göre çekilirsin mesleğine, ancak tabii ki baskın elementini desteklemen gerekir ki kaliteli sonuçlar elde edebilesin yani o işin hakkını verebilesin...

△ **Toplum içinde ateş elementi:** Ateş elementi toplum içinde de sürekli bir şeyleri başlatan kişidir. Başlatmayı tetikler ama arkasında durmaz. Bugün bir şey söyler, yarın ilgilenmez.

Ateş toplum içinde agresif ve "barbarca" tutum sergileme eğilimi gösterir. Sorunları şiddetle çözebileceğine inanır. "Dayak cennetten çıkmadır!" sözü, sorunlarını çözmek için kullandığı bir reçetedir adeta. Şiddeti genelde fiziksel de olsa, sözlü ve manevi şiddet de uygulayabilir. Bir toplumda ateş elementi insanları ne kadar fazlaysa, o toplumda kavga ve dövüşler o kadar sık yaşanır.

Ateş, toplum içinde her zaman dikkat çekendir, görünürdür. Bazen kavga dövüşle, bazen yüksek sesiyle, bazen hareketliliğiyle, bazen konuşkanlığıyla, bazen girişkenliğiyle fark edilir.

Ateş elementi düşük olanlarsa çok zaman fark edilmezler. "On kişi buluştuk, o da yanımızda mıydı değil miydi hiç farkında bile değilim..." diye söylenir arkalarından.

Toplumda kendini konuşturmak, başkalarını tetiklemek, başkalarında hareketi başlatmak tabii ki ateş elementi üzerinde çalışmakla mümkün... Bunun için kolayca uygulayabileceğin bir egzersiz önerebilirim.

Bilerek Kendini Öfkelendirme Egzersizi

Bu egzersizle öfkeyi, ateş elementini yükselten bir araç olarak kullanabilirsin.

△ **Bhairava Nefesi:** Kendini rahat hissedeceğin bir şekilde yere veya sırtını yaslamadan bir sandalyeye oturabilir, sonrasında burnundan kısa nefesler alıp vermeye başlayabilirsin.

Nefesi bir saniyede alıp yine bir saniyede vermeyi dene. Karın kaslarını sıkarak içeri sertçe çekip nefes verişini daha da sertleştirmeye çalış.

Nefes verirken burun deliklerini hafifçe genişlet. Bakışların tek bir noktada olsun. Dişlerini biraz sık.

Bedenindeki ateşin yükseldiğini hissedene kadar nefes alışverişine devam et.

Bu çalışma hava elementinin yerini ateşe bırakmasına yol açacağı için baş dönmesi yapabilir. Hava elementi analitik düşünmemizi sağlayan elementtir. Ateşse düşünmeden hareket eder. Bu yüzden hava elementi ateş yükseldiğinde otomatik olarak azalma eğilimi gösterir.

Ateş Elementini Dengeleme Egzersizleri

Asana Pratiği:

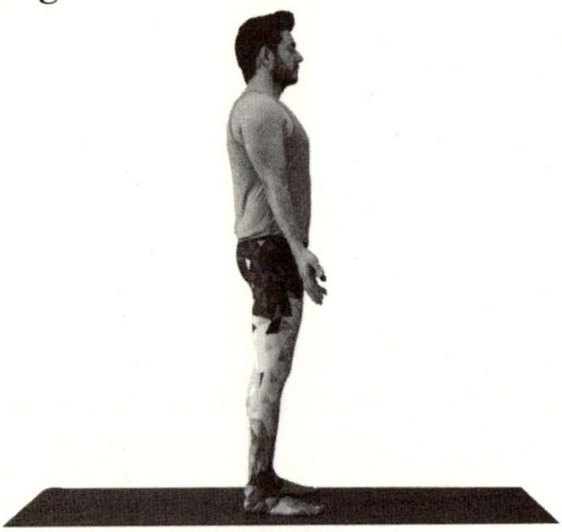

Tadasana

△ *1. Tadasana (Dağ Duruşu)*

Ayak başparmakların birbirine değecek şekilde ya da ayakların kalça genişliğinde açık bir şekilde dik durabilirsin.

Bedeninin ağırlığını iki ayağına da eşit olarak yay. Ayak başparmağın, serçeparmağın ve topuğunla yeri it. Başının üzerinden yukarıya doğru uzayarak sırtını dik ve uzun tutmaya dikkat et. Karnını hafifçe içeri çekerek kuyruksokumunu da içeri doğru uzatarak pelvisin duruşunu düzenle.

Bedeninin bir dağ gibi sağlam durduğundan emin ol. Omuzlarını hafifçe aşağıya doğru ittirerek omuzlarını rahatlat. Bakışlarını baş hizanda tutmaya devam ederken derin nefes alıp ver ve bu duruşta 6 nefes kal.

Faydaları: Duruş bozukluklarını düzeltir. Üst bacak kaslarını kuvvetlendirir. Bedeni ve zihni dengeler. Kararlılık ve güven verir.

Utkatasana

△ 2. Utkatasana (Sandalye Duruşu)

Tadasana'ya geç ve ayaklarını birleştirerek başparmaklarını birbirine değdir, dizlerini de birbirine yapıştır.

Derin bir nefes al ve dizler ayak parmak uçlarını geçmeyecek şekilde kalçanı geriye çıkartarak sandalyeye oturur gibi, kalçan dizlerinin hizasına gelene kadar çömel. Karın kaslarını hafifçe içeri doğru çekerek aktif hale getir. Kuyruksokumunu içeri doğru uzatarak belinin çukurlaşmasını engelle.

Kalçanı sık ve kollarını ileriye doğru uzat veya ellerini göğüskafesinde dua pozisyonunda birleştir. Bakışlar karşıda olsun. Eğer kollarını ileriye uzatmayı tercih ediyorsan; omuzlarını kulaklarına çok yaklaştırmaktan kaçın ve sırtını kamburlaştırma. Tüm hareket boyunca dizlerinin arasına bir havlu sıkıştırır gibi dizlerini birbirine doğru ittirerek iç bacak kaslarını canlı tut. Bu duruşta 5 nefes kaldıktan sonra hareketten yavaşça çıkabilirsin. Hareketi 3 kez daha tekrar edebilirsin.

Faydaları: Sırt, bel, karın, kalça, iç ve üst bacak kaslarıyla dizleri kuvvetlendirir. Omuz, kol, göğüs ve kanat kaslarını esnetir. Dayanıklılığı artırır. Benliği güçlendirir. Eylemler içerisinde kişinin kendini görme yeteneğini artırır. Bulunduğu hali görmeyi ve kabullenmeyi getirir.

Sumo Duruşu

△ 3. Sumo Duruşu

Tadasana'ya geç ve ayaklarını omuz genişliğinden birer adım daha geniş aç. Topuklar aynı hizada olacak şekilde, sağ ayağını yaklaşık 70 derece sağ tarafa, sol ayağını da 70 derece sol tarafa çevir. Dizlerini 90 derecelik bir açı yapacak şekilde çömel. Dizlerinin ayak parmak uçlarını geçmediğinden emin olurken, iç bacak kaslarını aktif tutarak dizlerinin içe doğru yatmasını engelle. Göğüskafesin yere paralel olacak şekilde kalçandan öne doğru bükül ve yumruklarını yere koy. Karnını hafifçe içeri doğru çekerek karın kaslarını aktif hale getir. Kuyruksokumunu içeri doğru uzat ve sırtını uzun tut. Aktif olarak kalçanı sıkarak ve ayak tabanlarınla kendini yerden iterek duruşunun sağlam ve dengeli olmasını sağla. Yumruklarını sadece destek amacıyla kullan ve fazla ağırlık vermemeye çalış. Hareketi daha da zorlaştırmak istersen kollarını yere paralel gelecek şekilde ileriye doğru uzat. Bu duruşta 5 nefes kaldıktan sonra hareketten yavaşça çıkabilirsin. Hareketi 3 kez daha tekrar edebilirsin.

Faydaları: Üst bacak (quadriceps), iç bacak, kalça ve sırt kaslarıyla el bileklerini kuvvetlendirir. Dayanıklılığı artırır. Benliği güçlendirir.

Navasana

△ 4. *Navasana (Bot Duruşu)*

Ayakları öne uzatarak oturma kemiklerinin üzerine otur. Dizlerini bükerek karnına topla ve sırtını dik tutarak hafifçe geriye doğru eğil. Oturma kemiklerin ve kuyruksokumunla bir üçgen oluşturarak kalçanın üzerinde dengeni bul. Sırtını dik tut, karnını hafifçe içeri çekerek sık ve çeneyle göğüskafesi arasında bir elma tutuyormuş gibi boynu hizala.

Derin bir nefesle ayaklarını kavalkemiklerin yere paralel olacak şekilde havaya kaldır. Kollarını yere paralel olacak şekilde ileriye uzat. Zorlanıyorsan ellerinle hafifçe yere temas ederek destek alabilirsin. Karın kaslarını daha çok sıkarak dizlerini göğüskafesine yaklaştırıp hareketin etkisini artır. Duruşta rahatsan iki dizini birden gerdirerek bacaklarını havaya doğru uzatabilirsin. Dilersen topukları birbirine temas ettirerek üst ve iç bacak kaslarını aktifleştir. Bu duruşta 5 nefes kaldıktan sonra hareketten yavaşça çıkabilirsin. Hareketi 3 kez daha tekrar edebilirsin.

Faydaları: Karın kaslarını, omurgayı, sırtı ve üst bacak kaslarını kuvvetlendirir. Arka bacak kaslarını esnetir. Sindirim sistemini düzenler. Dayanıklılığı artırır. Benliği güçlendirir ve şekillendirmek için alan sağlar.

Kürek Hareketi

△ 5. *Kürek Hareketi*

Ayakları öne uzatarak oturma kemiklerinin üzerine oturabilirsin. Omuzlarını rahat tutarak kollarını yere paralel gelecek şekilde öne doğru uzat. Sırtını dik tut ve karnını içeri çekerek kaslarını aktif hale getir. Nefesini alırken; göğüskafesinle çenen arasında bir elma tutuyormuş gibi hayal et ve üst bacak kaslarını aktif tutarak, topukların yerden kalkmayacak kadar geriye doğru yat. Hareket boyunca dizlerini bükme.

Nefesini verirken; karın kaslarını sıkarak, topuklarını yerden kaldırmadan ve ellerinden güç almadan yeniden dik duruma gel. Nefesini verirken hareketi devam ettirerek öne doğru bükül ve göğüskafesini bacaklarına doğru götürürken kollarla da ayaklara doğru uza. Dizlerini bükmeden uzayabildiğin kadar öne uzayarak arka bacak kaslarını, belini ve sırtını esnetebilirsin. Yeniden derin bir nefesle geriye doğru giderek hareketi tekrarlayabilirsin. 10 tekrardan sonra hareketten yavaşça çıkabilirsin.

Faydaları: Omurgayı, karın ve bel kaslarını kuvvetlendirir. Üst bacak kaslarını tonlar. Arka bacak, bel ve sırt kaslarını esnetir. Dayanıklılığı artırır. Eylemlerde yol alma yetisini besler.

Phalakasana

△ *6. Phalakasana (Plank Duruşu)*

Topuklarının üzerine oturabilir, ellerini omuz genişliğinde yere koyabilirsin. Ayak parmak uçlarınla yeri kavra ve derin bir nefes al. Dirseklerini bükmeden ellerinle yeri kuvvetlice iterken dizlerini gerdir. Karnını sık ve kuyruksokumunu içeri doğru uzat.

Topuklar, kalça ve omuzlar aynı çizgi üzerinde olmalı. Kalça kasların ve üst bacak kasların aktif olsun. Topuklarını geriye doğru iterek arka bacak kaslarını uzat. Omuzlar kulaklardan uzak, bakışlar hafifçe ileride olsun. Bu duruşta 5 nefes kaldıktan sonra hareketten yavaşça çıkabilirsin. Hareketi 3 kez daha tekrar edebilirsin.

Faydaları: Kol, omuz, bacak, kalça ve karın kaslarıyla el bileklerini kuvvetlendirir. Dayanıklılığı artırır. Fiziksel eylem kapasitesini artırır.

Vasiştasana

△ 7. *Vasiştasana (Yan Plank)*

Plank duruşuyla başlayabilirsin. Nefesini verirken bedeninin ağırlığını sol kolunun üzerine alarak sağ elini havaya kaldır. Dirseklerini gergin tut ve sağ kolunu kulağının üzerinden ileriye doğru uzatırken, göğüskafesini de tamamen sağa doğru döndür. Bakışlar karşıda olsun.

Sol omzunu stabil tut. Dizlerini bükme ve sol ayağının yanıyla yeri iterken sağ ayağını da sol ayağının üzerinde tut.

Obliklerini ve kalçanı sıkarak bedeninin yan kısmını olabildiğince yerden yüksekte tut. Karnını ve kalçanı gevşetip kalçanın yere yaklaşmasına izin vermemeye çalış. Dengeli ve rahat hissediyorsan yukarıya doğru bakabilirsin.

Rahat hissetmiyorsan yerdeki eline bakabilirsin. Daha kuvvetli bir duruş sağlayabilmek için kanadını aktif tutarak, kanadınla da kendini yukarıya doğru itebilirsin. Bu duruşta 3 nefes kaldıktan sonra hareketi diğer taraf için uygulayabilirsin. Hareketi her iki taraf için de 3 kez daha tekrar edebilirsin.

Faydaları: Kol, omuz, bacak, kalça ve karın kaslarıyla el bileklerini kuvvetlendirir. Dayanıklılığı artırır. Eylemleri bilgelik ile gerçekleştirme dinamiğini oluşturur.

Dandasana

△ *8. Dandasana*

Bacaklarını öne doğru uzatarak oturma kemiklerinin üzerine otur. Ellerini, ön kolların bacaklarına temas edecek şekilde kalçanın biraz ilerisine yerleştir.

Karnını hafifçe içeri çekerek aktive ettikten sonra, omuzlarını hafifçe el bileklerinin hizasından ileriye doğru götürerek ellerinle kendini kuvvetlice it ve topuklarınla da yeri iterek kalçanı havaya kaldır.

Hareket boyunca dirseklerini ve dizlerini bükme. Duruşta 3 nefes kaldıktan sonra hareketten yavaşça çıkabilirsin. Hareketi 3 kez daha tekrar edebilirsin.

Faydaları: Kol, omuz, sırt ve karın kaslarını kuvvetlendirir. Bacak kaslarını tonlar. Eylem alma kabiliyetini artırır ve dengeler.

Uddiyana Bandha

△ *Uddiyana Bandha (Karın Kilidi)*

Kalçanın altına yastık koyarak, sırtın dik ve dizlerin rahatça yere değecek şekilde otur. Kaslarının gevşemesi ve rahat olması için kalçanın altına koyacağın yastığın (veya benzeri bir obje) yüksekliğini ihtiyaç duyduğun şekilde ayarlayabilirsin. Omurga uzun, omuzlar rahat olmalı. Dilersen sandalyeye de oturabilirsin. Ellerini dizlerinin üzerine yerleştir. Önce derin birkaç nefes alıp ver. Ardından nefesini tamamen boşalt, nefesi dışarıda tut, karnını içeri ve havaya doğru çekerek kas. Karnını kilitli tut. Dirseklerini gerdirerek ellerinle dizlerini iterek kollarından destek al.

Gerginlik hissetmeye başladığında karnını gevşet, dirsekleri bük, derin bir nefes al ve rahatla.

Pratiğe üç tekrarla başlayabilir, zamanla 10 tekrara kadar çıkabilirsin.

Egzersiz boyunca karın bölgendeki ateş elementinin farkında olman çok önemli... Bu bölgedeki sıcaklık değişimini fiziksel olarak hissetmeye çalış.

Faydaları: İç organları düzenler ve kuvvetlendirir. İç organlara masaj yapar ve özellikle mideyi şifalandırır. Gerginliği ve endişeyi azaltır. Üst bedendeki kan akışını artırır. Eyleme geçme yeteneğini artırır ve dengeler.

Kapalabhati: Kalçanın altına yastık koyarak, sırtın dik ve dizlerin rahatça yere değecek şekilde otur. Kaslarının gevşemesi ve rahat olması için kalçanın altına koyacağın yastığın (veya benzeri bir obje) yüksekliğini ihtiyaç duyduğun şekilde ayarlayabilirsin. Omurga uzun, omuzlar rahat olmalı. Dilersen sandalyeye de oturabilirsin. Eller rahatça bacaklarının üzerinde veya kucağında dinleniyor kalsın. Nefesini burnundan tamamen boşalttıktan sonra, karnını sertçe içeri çekerek bedeninde kalan tüm nefesi sertçe burun deliklerinden dışarı ver ve ardından karnını gevşet.

Karnını gevşetirken yeniden nefes alma ve sertçe karnını içeri çekip ardından gevşetmeye devam et. Karnını içeri çekerken sanki biri karnına sertçe vuruyormuş gibi hayal edebilirsin. İlk saniyede karnı sertçe içeri çek, ikinci saniyede karnı gevşet. Bunu hızlı bir şekilde ritim içinde 60 saniye boyunca uygula. 60 saniyede ortalama 25-30 kez tekrar etmiş olman gerekiyor.

Pratiği zamanla 6 dakikaya kadar çıkarabilirsin.

Faydaları: Mide rahatsızlıklarını şifalandırır. Balgam sorununu ortadan kaldırır. Cildi parlak hale getirir. Kişiyi görünür ve fark edilir hale getirir. Kişinin ateş elementini dengeleyeceğinden, bedensel iş yapma gücünü artırır.

"Ben"liği Güçlendiren Egzersizler

Yogada çok zaman egonun bir "düşman" olduğu anlatılır. Egosuna yabancı olanın algısı budur çünkü. "Ben" dediğin şeyin kim olduğunu bilmediğinde, "ben" sana yabancı kalır.

Yoga pratiğinde ilk amaç egoyu tanımaktır. "Ben" dediğini görebilmelisin ki, bu sayede aslında ne olmadığını da idrak edebilesin.

Henüz "ben" dediğinin kim olduğunu bilmeden, "ben" dediğin şeylerle bütünlük içinde nasıl var olabilirsin ki?

Bu egzersiz serisi ateş elementinin yarattığı "ben"lik algısını fark ettirecek ve ortaya koyacak asanalar içerir. Özellikle kendini ortaya koymaktan korkan, eylemleriyle kendini ifade etmekten çekinenler için dengeleyici olacaktır.

Kök ve Dal Duruşu

△ 1. Kök ve Dal Duruşu

Tadasana'ya gelerek başlayalım. Ayakları üçer adım yanlara aç ve dizleri iç bacak kaslarının yardımıyla dışarı doğru açarak ayak parmak uçlarında yüksel. Sırtın dik ve karın kasların aktif olsun. Dirseklerin omuz hizasında olacak şekilde kolları iki yana aç ve dirseklerin yaklaşık 90 derece açık oluşturacak şekilde ellerini yukarı kaldırarak teslimiyeti simgeleyen kol duruşunu oluştur.

Avuç içlerin, parmakların aralı şekilde karşıya bakabilirsin. Boynun doğal duruşunu korumaya devam et. Harekette 7 nefes kaldıktan sonra yavaşça pozdan çıkabilirsin. Dinlendikten sonra bir kez daha pozu tekrarlayabilirsin.

Devasana

△ 2. *Devasana*

Tadasana'ya gelerek harekete başlayalım. Ayakları üçer adım yanlara aç ve dizleri iç bacak kaslarının yardımıyla dışarı doğru açarak ayak tabanlarını yere tam bas. Sırtın dik ve karın kasların aktif.

Kollarını birbirine göğüs hizasında dola. Parmaklarınla kendini özgürce ifade et. Omuzlarını rahatlat ve kürekkemiklerini hafifçe birbirine doğru it. Boynun doğal duruşunu koru. Harekette 7 nefes kaldıktan sonra yavaşça pozdan çıkabilirsin. Dinlendikten sonra bir kez daha pozu tekrar edebilirsin.

Skandasana

△ 3. Skandasana

Yere çömel ve sol bacağını sola doğru uzatarak gerdir. Sağ ayak parmak uçlarında yüksel. Sağ kolunu omuz hizasında tutarak sağ elinle tavanı işaret et. Sol kolunu sol bacağına paralel olacak şekilde ayağına doğru uzat. Bakışların sol eline doğru olsun. Harekette 6 nefes kaldıktan sonra yavaşça pozdan çıkabilir, diğer taraf için de aynı hareketi uygulayabilirsin.

Oturan Deva Duruşu

△ 4. Oturan Deva Duruşu

Yere çömel ve dizlerini iki yana doğru açarak ayak parmak uçlarında yüksel. Gerekiyorsa ellerinden destek alarak topuklarını birbirine değdirebilirsin. Topuklar birbirini iterken kalçanı topukların üzerine yerleştirmeye çalış. Başlarda kalçan biraz havada kalabilir. Hareketi uyguladıkça bedeninin esnemesiyle birlikte kalçan topuklarına yaklaşacaktır. Karnını sıkarak karın kaslarını aktif hale getir ve kuyruksokumunu içeriye doğru uzat. Sırtın dik ve uzun kalsın.

Ellerini dizlerinin üzerine koy. Dirseklerini gerdir ve ellerinle hafifçe dizlerini iterek güçlü bir duruş bul. Harekette 10 nefes kaldıktan sonra yavaşça pozdan çıkabilirsin.

पृथ्वी

TOPRAK

Toprak elementi en fazla niteliğe sahip olan elementtir. Sertlik, yumuşaklık, pürüzlülük, pürüzsüzlük, ağırlık, hafiflik toprak elementinin belli başlı nitelikleridir.

Toprak elementi varoluştaki en somut alanı simgeler. Yani elle tutulan, gözle görülen alanı... Bu yüzden diğer tüm elementlerden daha fazla niteliğe sahiptir.

Toprak elementinin konuları daha çok yaşamsal ve kökseldir. Dharma (kader), aile, doğum, ölüm genel olarak bu elementle ilişkilidir.

"Bir gözü toprağa bakmak..." deyişi de bu elementin hareketiyle ölümün kendini ortaya çıkarmasından gelir. Yani aslında ölüm kavramıyla ilişki içinde olan kişi toprak elementini gözlemlemektedir. Toprağın sabitlik ve devamlılık özelliği durduğu an, yaşam da beden boyutunda durur.

Sabitlik, devamlılık ve kararlılık da toprak elementinin özelikleridir. Toprak ateşin başlattığı her şeyi devam ettirir. Nereye varacağı ya da bir yere varıp varmayacağıyla ilgilenmez. Sadece doğası gereği devam ettirir. Sabittir ve kolay kolay değişim gösteremez.

Mesela aileni düşün. Hangi aileden dünyaya geldiğin bellidir ve anne babanı kabul etmesen bile onlar her zaman ailen olarak kalacaklardır. Bu hakikat, hiçbir değişim göstermez.

Nerede doğduğunu kâğıt üzerinde değiştirsen de, oluştaki hakikat aynı kalır. Toprak elementi, işte tüm bu konuların içinde varlığını sunar.

🜃 **Duygularda toprak elementi:** Sahiplenme, kıskançlık, aidiyet, aidiyetsizlik, korku, güvensizlik, cinsel alanda dominantlık...

🜃 **Bedende toprak elementi:** Toprak elementi somut olanla ilgilidir. Bedeni temel olarak toprak elementi ortaya çıkarır. Kuran-ı Kerim'de de insanın topraktan yaratıldığı ifadesi yer alır. Toprak elementi somutlaşma arayışı, elle tutma, gözle görme ihtiyacı doğurur.

Deri dökülmeleri, saç dökülmeleri, kepek sorunu, tırnak problemleri, cinsel bölgede oluşan hastalıklar, dışkılama problemleri toprak elementine bakmamız gerektiğini hatırlatan belirtilerdir.

Saç dökülmeleri ve kepek problemi, toprak elementinin vücuttan atılmaya yani azaltılmaya çalışıldığının bir göstergesidir.

Cinsel organlar toprak elementinin kontrolündedir. Bu bölgelerin sağlıklı olması toprak elementinin dengesiyle ilgilidir. Toprak elementinin azlığı kısırlık sorununa neden olabilir. Çocuk yapmakta sorun yaşayanlar toprak elementini dengeleyen çalışmalar yapabilirler.

Ayrıca dalak da toprak elementi tarafından kontrol edilir.

Fiziksel olarak bakıldığında bir duruşun içinde uzun süre kalma hali de toprak elementinin artmasıyla ilgilidir. Oturduğunda kalkamamak, yataktan çıkamamak, sabah uyanamamak gibi... Toprak elementi o kadar yoğundur ki seni bulunduğun yere çiviliyordur. Artık hareket edemiyorsundur.

Toprak elementinin artması, sabitlik yaratır. Arkadaşın sana "Hadi bugün başka bir kafeye gidelim..." dediğinde bile sen hep bildiğin kafeye gitmeyi tercih edersin, yeni bir mekânı denemek istemezsin.

Bedende toprak elementi yoğun olanlar her zaman bildikleri ve alıştıkları şeyleri yaparlar, tercihlerinde çeşitlilik, renklilik ve yenilikler yoktur. Her zaman gittikleri markete giderler, hep aynı yerden alışveriş yaparlar.

Toprak hep bildiği şeyi yapma çabası içindedir ve düzeni devam ettirmek ister. İlişkilerden ayrılamamak da bir toprak tepkisidir. "Bu ilişkiyi tanıdım ve bir türlü bırakamıyorum..." der. Bir şeyde hep devamlılık gösterir.

Toprağın yüksek olması fazla kaderciliğe yol açar. "Ne olursa olsun her şey kaderdendir..." diyenler toprağı yüksek olanlardır. Bu tutum teslimiyetten değil yoğun sabitlikten ileri gelir. Toprağın dengede olması, kişinin kendi kaderiyle adeta dans etmesidir. Yapması gereken her şeyi emin adımlarla ve uyum içinde gerçekleştirir. Toprağı az ve zayıf olanlarsa kaderin sunduğu fırsatları ıskalayanlardır.

🜃 **Toprak elementini dengelemek:** Her element önce kendiyle dengelenir demiştik hatırlarsan. Dolayısıyla toprağı da önce toprak dengeler. Toprağı dengelemek için köklenmeyi sağlayacak denge duruşları uygulanabilir. Konu toprak olduğunda yapılan çalışmaları düzenli ve sistemli şekilde sürekli uygulamak çok önemli... Bölümün sonunda toprak dengesi için uygulayabileceğin egzersizleri anlatıyor olacağım.

Toprak malda yüksek şekilde birikir. Toprağın dengelenmesi için kişi zekât ya da yardım yoluyla eldeki malın bir miktarını bağışlayabiliyor olmalıdır.

Elindeki malın hepsini sahiplenmemek için bir miktarını her zaman başka bir alanda kullanması gerekir. Elbette hayırlı bir iş olması, başkasının yararına olması tercih edilmelidir.

Paraya ihtiyacı olan aile bireylerine veya sevgiline destek olmak da toprağın dengelenmesidir. İhtiyacı olan başkalarına da düzenli şekilde yardımda bulunmak aynı şeydir.

Toprakta devamlılık ihtiyaçtır.

Toprak çok yüksekse ateşi artırarak da dengeyi yakalamak mümkün... Toprağı çok yüksek olanlar yaptıkları işlere, ilişkilere, düşüncelere fazlasıyla takılıp kalırlar. Mesaileri bittiği halde işten çıkamazlar, arkadaş ortamlarından saatlerce kalkamazlar, bir düşünceye saplandıklarında işin içinden çıkamaz olurlar. Bu gibi durumlarda ateş çalışmaları yapmak, harekete geçme enerjisini artıracaktır, değişim kabiliyetini ortaya çıkaracaktır.

Toprak azsa, tam tersi olur. Hiçbir şeyde devamlılık gösterilemez. Aslında devamlılık sağlamak gerekiyordur. Bu durumda da toprağın güçlendirilmesi gerekir.

Toprak güçlendirilecekse başlanan işi bırakmamak için ateşin dengede olduğundan emin olmak gerekir. Ateşi dengede tutmak için hayatın içinde ateşi tetikleyen şeyleri kontrol etmekte fayda var.

Kıskançlık hissi toprağın artmasını sağlar. Kıskançlık hissi nerede ortaya çıkıyorsa takip ederek o konudaki sahiplenme hissini güçlendirmek lazım gelir.

Diyelim ki sevgilini kıskanıyorsun, demek ki ilişkide toprağın eksik, yani topraklanamıyorsun.

O halde senin bu ilişkiye daha çok alan vermen gerekiyordur hayatında. Sevgilinle daha çok vakit geçirmelisin ki ilişkideki toprak elementin artsın. Aranızdaki etkileşim miktarını artırmak lazım.

Toprak elementi, bir şeyin en iyi somut formunda ortaya çıkmasını sağlayan elementtir. Kendinin de somut olarak en iyi formda ortaya çıkmasını sağlar.

Nasıl mı?

Bir formun görülebilmesi için devamlılık lazımdır ya, yani seni görebilmem için karşımda duruyor olmalısındır, sürekli koşarsan, hareket edersen, bir yerlere gidersen seni göremem. Yani ancak durduğun noktada görülür olursun. Toprak, görünmek için durmayı başlatır.

Toprak sabırdır. Bekleme durumudur.

Mesela bir iş görüşmesindesin. Bulunduğun ortamdaki fiziksel durumunu gözlemlemeye başla. Aslında kalkıp gitmek mi istiyorsun, orada duramıyor musun, oturduğun yerde rahat mısın yoksa sürekli bacak mı değiştiriyorsun, duruş mu değiştiriyorsun?

Hal böyleyse orada topraklanamıyorsun demektir. Bir yanın gitmek istiyor, diğer yanın görüşmeye devam etmek istiyordur.

Otururken ya da birini dinlerken, bir iş yaparken sürekli elim ayağım oynuyorsa, poz değiştiriyorsam topraklanamıyorumdur. O alanda kalma gücüm azalmıştır.

Vücut da doğal olarak ateşi azaltmak için ne yapıyor?

Kendini kaşımaya başlıyor, su ya da çay içiyor ki hem sindirimi çalıştırarak ateş elementini dengeleyebilsin hem de suyun artması yoluyla ateşi azaltabilsin. Böylece bulunduğu yerde kalabilme yani süreklilik gücü artsın.

Toprağa yer açmak için suyu azaltmak da gerekebilir. Bu gibi durumlarda küçük tuvalete çıkma ihtiyacı doğar veya yoğun terleme başlar. Bu sayede toprak bulunduğu yerde kalmak, ortamda durabilmek için kendini en üst seviyeye getirir.

Aksi halde "Ben şimdi gideyim sonra devam edelim..." diyeceksin çünkü.

Bunu yapmamak için elementlerin vücuttaki sıralamasını bilinçsiz/bilinçli değiştirmeye çalışıyorsun.

Toprak hareketlerimizi sabitler.

Ayrıca giydiğimiz kıyafet de topraktır. Bütün gün üzerimizde taşırız. Tıpkı bedenimiz gibi... Bu yüzden kıyafetle oynayıp durmak da topraklanma amacıyladır.

Sürekli kıyafetle oynama, düzeltme ihtiyacı, kıyafeti görünür kılmak için takı seçilmesi, takıyla sürekli oynamak da bir topraklanma ihtiyacıdır.

Aynı şekilde fikir sabitliğini gözlemleyebilirsin, topraktaki işin en zor kısım burasıdır. Bir fikre sabit kalmak da topraktır. İnatçılık, dediğim dediklik gibi...

🜃 **İlişkilerde toprak elementi:** İlişkilerde toprağı yoğun olanlar, ailenin sahiplenicisidirler, aidiyet duyguları güçlüdür, kendilerini aileye ait hissederler, sahip çıkarlar, "Benim ailem..." derler.

Toprak, ailesi için gerekli her türlü çalışmaya ve beklentileri karşılamaya da hazırdır. Bu yüzden toprak elementi ilişkide maddi güç arayışındadır.

Toprağı yoğun olanlar ilişkinin güvende olması adına kirada oturmak yerine bir ev sahibi olmayı isterler. Toprak için güven ve sabitlik çok önemlidir. Bu uğurda birikim yapmak için çok çalışırlar.

Eşleri ya da sevgilileri ayrılmak istediği halde, mutsuz bile olsalar ilişkiyi hemen sonlandırmak istemezler. Kalıcılık ihtiyacı hissederler.

İlişkinin içinde ne olursa olsun yürüsün diye arzu ederler. O kadar topraktırlar ki terk edilmek istemezler. "Yeter ki bir yere gitmesin..." derler. Çok sahiplenirler.

Bir toprak için ayrılmak ilişkinin bitmesi demek değildir. Akıllarında veya içlerinde ilişkiyi yaşamaya devam ederler. Bir gözleri her zaman eski sevgililerinin sosyal medya hesabında ya da sıkça gittiği kafededir. Her an ilişkinin yeniden başlamasına hazırdırlar. Hatta yıllar sonra bile, eski sevgili telefon ettiğinde görüşmeye can atarlar. Bir anlığına bile olsa yeniden bir arada olmak toprak için önemli bir değerdir.

Ateşi zayıf ise, toprağı çok yoğun (dengesiz) olduğunda yeni birini tanıma korkuları vardır.

Topraklar ideal aile babaları, ideal annelerdir. Toprağı çok iyi çalışanlar hiç ayrılmazlar.

🜃 **Toprak ve ateşin ilişkisi:** Toprak elementi sabitlik ararken, ateş sürekli hareket halindedir. Yenilik arar ve yaratır, görülmeyi bekler. İlişkide toprak olan taraf ateşi kökler. Onu bastırmaz ama ona sabitlenebileceği bir alan sunar. Toprak bedende ve zevkte olmayı sevdiği için, ateşi kolaylıkla bedene çekerek onurlandırabilir.

Toprak yaptığı şeyi tekrar tekrar yapmayı sever. Ateş "Bugün de başka bir kafeye gidelim..." dediğinde toprak sürekli aynı kafeye gitme ihtiyacı güdebilir. Toprak sürekli farklı noktalara gitmekte güvensizlik hissine kapılır. Kendi için yeterli güven alanı bulamaz. Fakat partnerinin ateşi yüksek olduğunda, onun özgüveni sayesinde bir güven ilişkisi kurar. Böylece toprak için de farklı yerlere gitmek tatlı heyecanlara dönüşür. Ateşi dengeli veya yüksek olan partneri sayesinde yeni yerler tanırken, Amerika'yı yeniden keşfetmiş gibi heyecan duyar ve keyif alır. Bu tutum, ateşi de çok heyecanlandırır.

Partnerin ateşi zayıfsa, toprağın sabitliğine eşlik eder. Toprak bu noktada eğilimi olduğu alanları kolaylıkla sergilerken, ateş zayıf kalmaya devam eder. Çünkü ateşinin yükselmesi için harekete ve değişime ihtiyacı vardır. Ancak bu durumun ateşe faydası da vardır. Toprak, görülmeyi sever ve ateşin onu görmesi için çaba gösterir. Bu çaba ateşin "ben" egosunu canlandırabilir. Ona gözükmeye çalışan bir toprak, ateşe özgüven verir.

🜃 **Toprak ve toprağın ilişkisi:** Toprakların ilişkisi köklerin dansı gibidir. Aile konusunda sabitlik gösterirler ve ilişkiyi devam ettirmenin değerine inanırlar. Toprak geleceğe dönük planlar yapmaktan hoşlanır, bu yüzden birlikte hep bir plan program içinde olurlar. İkisinin de yönetim kabiliyeti yüksek olduğundan, ilişki yorucu olmaz. İlişkiyi bedensel hazlarla yaşamayı severler. Bedensel hazdan kastım sadece cinsel ilişki değil... Mesela birbirlerine masaj yapmak, sanatla iç içe olmak, yemeğe düşkünlük de toprağı güçlü ilişkilerin özelliğidir.

🜃 **Toprak ve havanın ilişkisi:** Toprak daha güven dolu ve sabitken, havanın dışarıya olan eğilimi, sosyalliği ve iletişim kabiliyetinden dolayı toprağa güvensizlik verebilir. Hava dışarıya dönük olduğundan, toprağın beklediği sabit ilişkiyi sunamayabilir.

Toprak somutluk arayışı içindedir. Hava akılcı yanıyla toprağın bu ihtiyacını kolaylıkla karşılar. İkisi de, ileriyi düşünmeyi ve geleceğe yönelik hareket etmeyi sever. Bu sayede birlikte hareket etmeleri kolay olur.

Hava elementi zayıfsa, ilişkide de zayıflıklar oluşur. Havanın zayıf olması havayı bedende de akılda da tutamaz. Arada bir yerde sıkışır. Bu belirsizlik, toprakta güvensizlik yaratır. "Aklı havada, ne yapacağı belli olmayan" veya "bir baltaya sap olamayan" tipler toprak açısından uzak durulması gereken kişilerdir.

Toprak gücü ve maddiyatı sever. Bu yüzden havası dengeli ve yoğun çalışan kişilerin akılcılığı, para kazanma yeteneği toprak için etkileyici bir özelliktir.

Hava çoğalmayı sever. "Soyum devam etsin..." fikrine en az toprak kadar katılır. Daha kalabalık bir aile yapısı hava için çekicidir. Bu sayede toprak ve hava ilişkisi güzelce dengelenir.

🜃 **Toprak ve suyun ilişkisi:** İkisi arasındaki uyum yadsınamaz. Su, ikili ilişkilerin elementidir. Duyguların çoğuna ev sahipliği yapar ve sadakat içerir. Toprak ise sabitliktir. Bu sayede toprakla suyun ilişkisinde bir arada olmanın değeri bilinir. Su, duygulara önem verdiği için toprağın aradığı zevklere eşlik edebilir. Toprak aile ilişkilerine fazlasıyla değer verirken, su her türlü ilişkiye önem verdiğinden bu konuda da birbirlerini tamamlarlar.

Su anlam arayışındadır. Topraksa zevkte, somutta kalmayı sever. Su daha derin anlamlar ararken, toprak suyun ayaklarının yere basmasını sağlar. Hatta onu köklüyor olmak toprakta aitlik ve tatmin hissi yaratır. Bu sayede birlikte soyutla somut arasında, maneviyatla maddiyat arasında denge kurabilirler.

Lakin toprağın yüksek olması, suyun anlam arayışına ve manevi yatkınlığına karşı aşağılayıcı bir tutuma yol açabilir. Bu noktada toprağın sert yapısı, suyun "hayalci" gözüken yanını taşıyamayabilir.

Aşk Duygusu Sadece Bir Elementin Eksikliğiyle Ortaya Çıkar: Toprak

Aşkın içinde sadece bir element eksiktir.

Toprak...

Toprak elementi eksikse yani aidiyet ihtiyacı doğmuşsa aşk duygusu ortaya çıkar.

Başka bir deyişle aitsizlik hissi, "Benim ol!" hissi baş göstermiştir kişide. Bu noktada toprak elementi ihtiyacı da doğal olarak yükselir.

Diğer üç element de iki kişi arasında varlık bulmuştur. Eylem var (ateş), iletişim var (hava), derinleşme var (su), yani: "Birlikte her şeyi yapabiliriz ama bir türlü benimmişsin gibi (toprak) hissedemiyorum."

İşte bu noktada aşk hissi var olmaya başlar.

Dolayısıyla bu yüzden sevgiye en yakın form aşktır. Yine bu yüzden ilahi duygular da aşk hissi üzerinden anlatılır. "Köklerimi bulamıyorum..." diyorsundur ilahi arayışta.

Aşk, arayışların başladığı seviyedir.

Diğer elementlerdeki uyum sayesinde denklem neredeyse kusursuzca tamamlanacakken bir şeyin eksikliği yüzünden ortaya çıkan aitsizlik hissi, aşkı ateşler.

Belki kendini de kendine ait hissetmiyorsundur, belki yaşadığın ilişkinin içinde tam bir aidiyet oluşmuyordur, belki ailene ait olduğunu duyumsamıyorsundur, belki yaşadığın topraklara kendini ait hissetmiyorsundur ve birtakım arayışlara sürükleniyorsundur.

Sendeki eksik elementleri tamamlayabileceğin en kusursuz bileşimi bulduğun noktadadır aşk...

Sevgiye en yakın formda, en iyisine en yakın olduğun noktada karşılıksız kalmak çok şiddetlidir.

Mesela çok satacak bir kitap hazırlıyorsun diyelim, ancak baskıda kapağı yanlış basıldı, yanlış bir isimle çıktı. Bu olmasaydı çok satan bir kitap olacaktı. Yani tamlık hissine en yakın noktada, yoksun kalmak...

Aşkta da durum tam olarak böyledir. Yani "Tam ve bütün sevgiyi bulacaktım ki sektim..." dersin.

Sevgiye en yakın haldeyken sekmiş olmanın verdiği öfke ve yük çıkar ortaya... Dolayısıyla bu yükün muhasebesini yapmak için gereken depresyon ve ateş elementini harekete geçiren öfke oluşur.

Öfke (ateş) "Harekete geç..." derken, su (depresyon) "Ne olduğunu gör..." der. Hareket ihtiyacı içindeyken durup durumun derinliğini görmek kolay bir deneyim değildir elbette.

Aslında durup ne olduğunu görebilsem, o depresyonun içinde nerede olduğumu bulabilsem çok büyük bir idrak yaşayacağım kendi adıma ama o idraki bulamadığım için depresyonda kalıyorum. Duyguyu yönetemediğim için içinde kalma hali oluşuyor.

Duyguyu kullanabilmek için ayırt etme ve düşünme kabiliyeti çok önemlidir. Ayırt etme ve düşünme becerini kaybettiğin an, duygunu kullanamazsın.

Hava elementinin getirdiği analitik düşünme kabiliyeti sayesinde ortaya çıkan duygularını kullanabilir olursun. Hava elementinde kalamadığında, duygularını yönlendirmek yerine, duyguların seni yönetmeye başlar.

🜃 **Cinsellikte toprak elementi:** Cinsel alanda toprağı yüksek olanlar, bir bakıma tek başına sevişiyor gibidirler. Bir nevi hayvansal sevişme de denebilir. Tavırları serttir. Ateş gibi vurmasa da, sert tavırlarla karşısındakinin canını yakabilirler. Karşı tarafı bir figür olarak görürler ve arzularına göre deneyimlerini yaşarlar. Duygusal bir şey oluşmaz, sadece seks yaparlar. İçsel bir yaklaşım ve paylaşım söz konusu değildir.

Toprak uzun süreli sevişmekten hoşlanır. Her şeyde süreklilik tutumunu sekse karşı da gösterir. İlişki istemsizce uzun sürer. Aceleleri yoktur. Kendileri bitmesini isteyene kadar ya da bitirmeye mecbur kalıncaya kadar devam ettirmeyi tercih ederler. Bu tutumları partnerleri açısından yorucu da olabilir, keyif verici de.

Toprak elementi konuşmaktansa birlikteliği akışına bırakmayı tercih eder. Kelimeler yerine beden dilini kullanır. Partnerinin bedenini gözlemleyerek onunla hareket halindedir. Cinsel deneyime hava elementi girmişse çiftler birbiriyle konuşabiliyorlardır. Sekste ne istediğini söyleyebilenler, hava elementi kuvvetli olanlardır ki böylece güzel bir deneyim elde ederler. Her elementin cinsellikte avantajları vardır elbette. Suyun avantajıysa birleşmede mana bulmaktır. Her dokunuş bir şiire dönüşüyordur böylece. Su elementi kuvvetli bir cinsellikte çiftler adeta birbirlerine bir şey anlatır gibi sevişirler. Birleşmeleri bir tür sanata dönüşür. Ateşin sevişmesinde sürekli bir çeşitlilik arayışı olduğundan söz etmiştik zaten.

Toprak elementinin yüksek olmasının bir dezavantaj olduğundan söz etmiştim. Karşı tarafı önemsemeden kişinin sadece kendi zevkine bakıyor olması bazen bu durumdan hoşlanan için avantajlı bile sayılabilir. Sekste partnerinin sert tavırlar içinde olmasını isteyenler, zaten toprağı yüksek bir partner tercih ederler.

🜃 **İş hayatında toprak elementi:** Toprak somut konularla, bedenle, bedensel zevklerle ve parayla ilgilenmeyi sever. Sanatçılık (ressam, heykeltıraş gibi), modacılık, muhasebecilik, bankacılık, mimarlık, mühendislik, aşçılık, güzellik alanındaki mesleklere ilgileri, eğilimleri ve yetenekleri vardır.

İşte toprağı yüksek olanlar ideal çalışanlardır, görev insanlarıdırlar. Sürekli çalışırlar, her söyleneni yaparlar. Lakin toprağın yüksek olmasından dolayı sürekli çalışma eğilimleri vardır. Bu tutum, yaptıkları her işin kalitesinin yüksek olacağı anlamına gelmez. Toprağın yüksekliği dengesiz bir çalışma hali (aşırı) yaratacağından otomatik olarak verimi düşürebilir. İşveren, toprağın aşırı çalışmasının önüne geçmelidir. Aksi takdirde çok vakitte az iş gerçekleşecektir. Çünkü toprağın yüksek olması işte yorucu bir hal yaratacağı için hata oranını da artırır.

Toprak elementi iyi çalışanlar ve yüksek olanlar girdikleri işte yıllarca kalırlar. Düzenlerini korurlar. "Düzenli maaşım ödensin, sigortam yatırılsın kâfi..." derler. İdealleri yoktur, özel üretimleri yoktur. Yaratıcı olan element ateştir. Toprakta yaratılmış olanı devam ettirendir.

İşte toprak dengeliyse eğer önemli bir avantaj çıkabilir ortaya. İşini zanaata dönüştürebilir. Sadakat ve süreklilik bir işi ustalaştırır. Dengeli bir toprak işini hakkıyla yapar. Diğer elementleri de iyi çalışıyorsa sanatsal bir yapı oluşabilir.

Toprak elementi işin devamlılığını ve kişinin yapma kabiliyetini ortaya çıkarır. Sabitlik özelliği sayesinde bir işin üzerinde uzun süre kalabilir.

Sen de evinin eşyalarını yenilemek istesen emektar, usta bir marangozla mı çalışmak istersin, bir yıllık bir marangozla mı?

Toprak, ustanın ortaya çıkmasını sağlar. Toprak ne kadar yoğunsa ustalık kabiliyeti de o kadar yükselir.

Yeri gelmişken bu noktada yine anahtar kelimeye dikkatini çekmek isterim. Hangi elementten söz ediyor olursak olalım bir elementin yoğun ve dengeli olmasıyla yüksek ve fazla olması aynı şey değil. Bir elementin fazla artmış olması dengesizliktir. Mühim olan yoğunluk ve dengedir.

Dolayısıyla toprak elementi yoğun olanlar ustalaşırken, toprak elementi yüksek olanlarda ustalık gelişmez.

Neden mi?

Çünkü sabitlik hali, kişiyi yeniliğe ve gelişime kapalı tutar. Toprağı fazla olan bir marangoz, on yıl öncesinin teknolojisine sabitlenir, yeniye ayak uyduramaz ve iyi bir usta olamaz.

Dijital hayata rağmen daktiloya ya da doküman arşivciliğine sabitlenmemiz bizi iyi bir yazar ve arşivci yapmaz. Çağın gerisinde kalır, ustalaşamayız.

Toprağı çok fazla olanlar çağa ayak uyduramazlar.

🜃 **Toplum içinde toprak elementi:** Toprağı fazla olanlar toplum içinde de sabit fikirlidirler, hayatlarına dümdüz devam ederler. Hayatları boyunca hiç sorgulamadan, eleştirmeden bir partiyi, bir takımı ya da ideolojiyi takip ederler.

Türkiye'nin toplumsal sistemde toprak elementi çok fazla... Yakın tarihinde fazla değişim söz konusu olduğu için memleket bir türlü topraklanamıyor. Aynı zamanda Türk toplumunda çok fazla akraba evliliği, kadının eşi öldüğünde, eşinin ağabeyiyle evlendirilmesi gibi çarpık durumlar da yaşandığından, toprak elementi toplumsal boyutta yaralıdır. Bu yaradan ötürü Türkiye sıkça göç verir ve göç alır. Bu göçleri şifalanmak için toprağı havalandırmaya benzetebilirsin.

Yüksek toprak, toplumda yoğun bir sabit fikirlilik yaratır. Kolay taraf tutup o tarafı bir türlü bırakamama hali yaşatır.

Durumun toplumsal faydasına bakmak yerine, tuttuğunu taşımak eğilimi söz konusu...

Toprağı düşük olanlarsa "Bana dokunmasın da ne yaparsa yapsın!" diyerek toplum içinde çekingen kalmayı tercih ederler. Taraf olmak yerine, çoğunluğa uyarak kendi dünyalarını güvende tutmak isterler.

Ancak dengeli bir toprak toplum içinde birlik, beraberlik, ayrımcılığın olmadığı bir düzen ve üretim sağlar. Dengeli bir toprak toplumcudur. "Hepimize yetecek kadar var telaş etme. Farklılıklarımızı bırakalım, aynılıklarımızda buluşalım. Çalışalım ki hepimiz nasibimizi alalım..." derler.

Paranın Elementi Toprak

Para toprak elementiyle ilgilidir. Ayrıca "kala" yani "zaman" elementinin bir ürünüdür. "Zaman" soyut bir elementtir ve ayrı bir kitabın konusu olacak kadar geniş ve kapsamlı bir konu olduğundan burada etraflıca anlatmam mümkün olmayacak. Ancak lazım gelen kadarını anlatmaya çalışıyor olacağım.

Yogada kala süreci simgeler. Ve dünyanın madde olarak anlaşılabilmesi için zamanın da sunduğu süreç anlaşılmalıdır. Kala değişime olanak verir, değişim de maddenin formlaşmasına.

Para dediğimiz şey zamandır. Zamanını verir, karşılığında da para alırsın.

Örneğin bir iş yaptın ve işin karşılığında bin lira para elde ettin diyelim. Bu parayla da gidip kendine ayakkabı satın aldın. Ayakkabıyı yapmayı öğrenmeye kalksaydın belki beş yıl harcaman gerekecekti. Parasını kazanmansa üç gün sürdü. İşin sonunda sen aslında üç günlük yaptığın iş sayesinde beş yıllık bir ayakkabı satın almış oldun.

Para konusunda "Kendi ihtiyacının mı peşindesin, toplumsal olarak sana dayatılan ihtiyacın mı?" ayrımını yapabilmen çok önemli. Aksi halde kazandığın hiçbir para seni mutlu etmez. Herkesin bir evi olmak zorunda değil, "Evim olmalı..." diye ihtiyaç oluşturduğun nokta, güven duygusudur aslında... Toprak elementinin eksikliğidir. Toprak elementi eksik olduğunda sana "Güvende olmak zorundasın..." der. "Bir evin olsun ki köklen, yerleş, alanın oluşsun..."

Toprak elementi dengedeyse, her yerde güvendesindir ve her yer senin için köklenilebilecek bir alandır.

Kazandığın paranın bereketi onu kullanmaktan öte doğru kullanmakla gelir. Para topraklanmak için kullanılması gereken bir araç. Bu yüzden parayı kullandığın yer çok önemli... Nereye kullanırsan toprağın orada artar.

Paranı yaptığın işe, çalışanlarına harcamazsan, bir ev daha, sonra bir ev daha dersen iş hayatında toprak elementi değerini kaybeder. İş devamlılığı sekteye uğramaya başlar. Çünkü oluşan toprak elementi değeri evlere aktarılmış olur. Parayı işine aktarırsan yaptığın işte topraklanır, orada devamlılık ve kararlılık kazanırsın.

Toprağı üretmeye harcamadığın sürece bereket olmaz. Tarih sahnesine de baktığında zenginleri değil, kendilerini üretime adamış olanları hatırlarsın. Çünkü çıkardıkları iş o kadar bereketlidir ki hâlâ her birimiz nasipleniriz. Raffaello gibi, Beethoven gibi, Shakespeare gibi... O dönemin maddi olarak zenginlerini değil, elindeki zenginliği üretime harcayarak sunanları görürüz tarih sahnesinde.

Zenginlik sadece para demek değil, yaratım gücüdür de.

Sanatının ortaya çıkması toprakla gerçekleşebilir. Sanatını ortaya çıkartmak istiyorsan enerjini toprağa harcıyor olmalısın.

Bu noktada ne para gelmiş ne para gitmiş umurunda bile olmaz. Olay yeşermektir.

Enerjin sanatına gitmediği an, mala mülke gitmeye başlar ki bir sanatçının iki seçeneği vardır; ya üretmek ya tüketmek... Üretirsen tüketemezsin, tüketirsen üretemezsin.

Rahat bir evde oturmamak gerektiğinden söz etmiyorum, sadece nerede oturduğunun kaygısını yaşamazsın demek istiyorum. Nerede oturursan otur o evi muhteşem bir hale getirirsin zaten. Diğer bir deyişle seni elementler açısından besleyecek bir eve dönüştürürsün. Evin gösterişi peşinde koşmazsın. Sanatı ya satın alansındır ya da üretensindir.

Bu yüzden parayı değil, bolluğu ve bereketi çağıracaksın hayatına. Bolluk bereket sana ya üretim olarak gelir ya da para olarak...

Para biriktirme çaban üretimini azaltır. Bolluğun paraya gider. Kim olduğuna karar vermelisin.

"Ben üreten miyim, tüketen mi?"

Bunu bilmelisin. Üreten olmak istiyorsan tüketen olma. Tüketensen üretimin azalır. İşte bu yüzden hiçbir şey biriktirme ve harekete devam et...

Bir amacın varsa, bir şey almak hedefiyle para biriktirmek başka şey, para kenarda dursun bir gün lazım olur diyerek istiflemek başka... Birikimin, güven arayışı için olmamalı...

Kötü gün için para biriktiren insanlara bak, yıllar geçtiği halde ellerindeki tutar aşağı yukarı hep aynıdır. Biriktirip durmalarına rağmen, ellerindeki tutar bir türlü değerli olmaz. Çünkü biriktikçe değerini kaybeder. Değerini kaybettikçe, ilk günkü halinden öteye geçemez.

"Yeni bir iş açacağım, bir stüdyo yapacağım, 100 bin lira biriktirmeliyim!" dersin ve bunun için harekete geçersin. Ama "Kenarda 100 bin lira dursun beni garantide tutsun..." dediğin an üretim de biter.

Garanticiler, bolluğu biriktirme kaygısı içinde tüketirler. Böylece bolluk azalır.

Sana değerli bir sır vermek isterim.
Bereket, dişil enerjidir ve aslında herkesin hayatında bereket taşıyan biri vardır. O varken bereket ve bolluk tetiklenir, uzaklaştığındaysa dara düşülür ya da bereketsiz hissedilir. Hayatındaki o dişil enerjiye sahip çık. Onu üretimle ve paylaşımla onurlandır.

Bereket Ne Zaman Gelir?

Tabii ki ateş elementin tamsa...

Ateşin dengede değilse, yeterince hareket etmiyorsan ve ateş doğru şekilde çalışmıyorsa para gelmez... Fazla ateşsen etrafı yakabilirsin, az ateşsen zaten eylemin ve dolayısıyla yaratıcılığın yoktur.

Fazla ateşin etrafı yakmasından kastım ne?

Diyelim ki ateşin çok yüksek. Hayat sana bir noktada "Dur!" der. "Bu bolluk sana gelmez çünkü sen etrafını yakıp yıkacaksın. Çok dominantsın!"

Çok iyi bir yazarsındır ama kalemin fazla sivri. Ateşin çok yüksek. Hayat sana "Sen bir dur, bu kalemle hiçbir yayınevi seninle çalışmaz, sen çok insanın canını yakarsın!" der. Seni dengelenmeye davet eder. Henüz zamanın değildir.

Ateşin düşükse zaten para geldiğinde bir kenarda durup bekleyecektir, çünkü sen harekete geçmek istemiyorsundur. Yenisi de gelmeyecektir, bunun için hareket kabiliyetini yükseltmen gerekir.

Benim okulda birlikte çalıştığım sevgili öğretmen arkadaşım Serra'dan söz etmek isterim.

Serra'nın ailesi eskiden bir çikolata markasının sahibiydiler... Onunla yıllardır birlikte çalışıyoruz. Şu aralar yeni bir dergi çıkarıyoruz üstelik, *YogaKioo Dergi...*

Dergi işine başlarken ortak olması gerektiğini söyledim ona. Çünkü bu ortaklık onun yaratımını onurlandıracaktı. Serra'nın bereketini şahlandırması için üretime ihtiyacı vardı. Harcadığı enerjinin maddi karşılığından ziyade hep manevi karşılığını aldı. Maddi karşılığı olduğu halde bir türlü ona gelemiyordu.

Çünkü parasını doğru şeye yatırıp, ortaya bir hareket çıkarması, bir akış başlatması gerekiyordu.

Dergi işine başladık. İmzaları attık. İki hafta sonra devlet tarafından dedesinin el konulan 252 hektar alanlık arsaları, yine devlet tarafından geri verildi kendisine. Serra'nın hayatına birden arsalar girdi. Ateş olarak bir iş başlattığı için, hakkı olan maddi berekete de kavuştu.

Hayatına bolluk gelmiyorsa ya üretmiyorsundur ya da üretimin yanlış yerdedir. Serra dergi çıkartmak yerine bir kıyafet markasına yatırım yapsaydı yine olmazdı. Çünkü ateş elementini doğru yere aktarmamış olacaktı. Onun elinde biriken şey maneviyken bunu paylaşabileceği, aktarabileceği bir yatırım yapmalıydı ki bereketi onurlandırabilsin. Kıyafetle insanları doyuramazsın ama dergiyle manevi olarak herkesi doyurabilirsin.

Kendine şu soruyu sor lütfen:

"Hayatımda beni tetikleyen iş hangisi? Hangi işe yeteneğim var?"

Hangi işe eğilimin varsa zaten o işi yapmalısındır. Ateşin orada başlaması gerekiyordur.

"Yaptığım işin ille de bir faydası olmalı mı?" diye sorabilirsin.

Toplumsal Dharma'da senin bütün toplumun elementleri düzeyinde bir rolün var.

Nasıl ki akciğer hücresi mide için değil akciğerler için var ve potansiyelini orada gerçekleştirebiliyorsa, sen de hangi element alanında bu yaratılışa hizmet ediyorsan o sektörde ancak doğru şekilde çalışabilirsin.

Her sektörün farklı faydaları vardır. Herkes, kendi elementlerini doyurabileceği sektörün içinde olabilmeli...

Bunu görebilmeniz için her bir elementin özelliklerini size tek tek anlatacağım. Kendi hayatınızda bu özelliklerin hangisini görüyorsanız, o konuyla ilgili mesleklere yönelebilirsiniz.

Faydasını gerçekleştiren şey biter.
Bir şey bitmediyse faydasını gerçekleştirmemiştir.

Faydasını gerçekleştiren her şey biter... Bütün ilişkiler bitmek zorunda... "Benim için artık herkes gibisin..." noktasına gelindiğinde ilişki artık tamamlanmıştır. Hayattaki birlikteliğimiz buna hizmet etmekse ve rolümüzü gerçekleştirdiysek artık tamamlanmış demektir.

Konunun sevip sevmemekle ilgisi yoktur aslında.

Birbirimizde artık bir şey çalıştırmadığımız için bir araya gelemiyoruzdur, artık ihtiyaç uyandırmıyordur birlikteliğimiz. Artık senin çalıştırman gereken başka bir alan vardır, onun çalıştırması gereken başka bir alanı vardır. Bulunduğunuz alan doymuştur, tamamlanmıştır.

Evlilikler ihtiyaç uyandırmaya devam ettiği için sürer. Tamamlandığında zekâ devreye girer ve "Biz artık aynılaştık, birbirimizden farklı değiliz, ihtiyaç doğurmuyoruz..." sonucuna varır.

İlişkinin tamamlandığı nokta en keyifli noktadır. İki atom birbirine çarparak Big Bang'de olduğu gibi bir evren yaratabilir ya... Artık birlikte bir evren yaratabiliriz demektir bu, çünkü tamamlanmışızdır.

Burada hiçbir eksiklik yok. Birlikte muazzam bir şey de ortaya çıkarabiliriz, birlikte bir şeyi yok da edebiliriz. Birlikte yapamayacağımız hiçbir şey yoktur. Bu yüzden asıl ilişki şimdi başlamıştır.

Ne var ki bunu hissedebilmek için gerçekten üstün bir bilinçte olabilmek gerekir. İhtiyaçlar peşinde koştuğun sürece bir ilişki tamamlanamaz.

Eve döndüğünde sevgilinin ya da eşinin ihtiyaçlarını karşılamasını beklersin.

Diyelim ki dışarıda sürekli koşturmalar ve ihtiyaçlar içindesin. Ama eve geldin, sevgilinin yanındasın ve huzur içindesin. Kendini tam hissediyorsun. Ne bir şey yapmak ne de kendini ifade etmek zorundasın... Sevgilin karşında öylece duruyor. Sen şahane bir manzaraya bakar gibi sakin ve mutlusun onu izlerken. Onun yanında her halinle olabilirsin. İşte tamamlanma ilişkisinin yarattığı his budur...

"Ben onunla her şeyi yapabilirim ve onun yanında biri olmak zorunda değilim..."

Kim olduğunun hiçbir önemi yoktur. Artık emek vermeye gerek yoktur çünkü orada bir eksiklik görmüyorsundur. Emek, eksiklik gördüğün noktada verilir. Toprak elementine ihtiyaç olan alanda...

O senden bir çorba yapmanı bile beklemiyor, sen de yapmak zorunda hissetmiyorsun. Sevgilin iyi hissetsin diye hazırlamıyorsun yemeği, aç gelebilir yemek yapayım diyorsun. İkisi arasındaki tavır farklıdır. Sevgilin seni daha çok sevsin, gözünde değerin olsun diye değil, ister yer ister yemez, açlık halinde evde bir yemek bulunsun diye çorba pişirmişsindir. Sevgilin için de yemeği kimin hazırladığı önemli değildir artık. Evin hizmetlisi de hazırlamış olabilir...

İşte bir ilişkinin en iyi noktası budur... Beklentiler sona ermiştir. Onun seni sevmesini beklemiyorsundur, çünkü biliyorsundur ki aranızdaki ilişki bundan daha kusursuz olamaz.

Beklenti, delice bir şeydir.

Birine sadece seni sevsin, seni fark etsin diye çay vermek mantıklı geliyor mu kulağına?

Dünyada hiç kimse bir başkasının beklentisini sonsuza dek karşılayamaz. Hayatını bir düşün... Kimin beklentisini tam anlamıyla karşılamış olabilirsin ki... Çocuğuna bile yetişemezsin. Ancak mantıklı kısımlarını karşılayabilirsin. Sana mantıksız geldiği an çocuğunun beklentisini de sonlandırırsın.

Gece yarısına kadar oyun oynamasına izin vermezsin. Artık bu beklentinin sendeki karşılığı mantıksızdır. Yarın okul vardır ve yatması gerekiyordur. Beklentisi sana mantıksız geliyordur ve bu noktada beklentisini karşılamayı bırakıyorsundur.

Beklenti içinde olmanın mantıklı bir yanı yoktur. Beklenti delilikten farksızdır.

Toprak Elementi Dengeleme Egzersizleri

Asana Egzersizleri

🜃 *1. Tadasana*

Tadasana'da 6 nefes al. *(Bu egzersizi ateş elementi egzersizleri kapsamında açıklamıştım.)*

Vrkşasana

🜃 2. *Vrkşasana (Ağaç Duruşu)*

Tadasana'da sırtını dik tutarak bedeninin ağırlığını sol bacağının üzerine al. Sağ dizini bükerek karnına çek ve sağ ayak tabanını sol iç bacağına daya. Esnekliğin iç bacağına dayamana izin vermiyorsa kavalkemiğine dayayabilirsin. Dizinin üzerine kesinlikle koyma. Eklemine yapacağın yanlış bir baskı sakatlıkların oluşmasına neden olabilir.

Sol ayağın başparmağı, serçeparmağın ve topuğunla yeri aktif bir şekilde it. Karnını hafifçe içeri çekip, kuyruksokumunu içeriye doğru uzatarak pelvisinin duruşunu düzelt. Omuzlarını yere doğru ittirirken avuç içlerini göğüskafesinde birleştirerek ellerinin arasında bir üzüm tanesi eziyormuş gibi bastır. Derin nefes alarak pozisyonunu korumaya çalış. Bu duruşta 7 nefes alıp verdikten sonra hareketi diğer taraf için uygulayabilirsin. Hareketi iki taraf için de 3 kez daha tekrar edebilirsin.

Faydaları: Bacak, kalça, sırt ve karın kaslarını kuvvetlendirir. Diz eklemini kuvvetlendirir. Denge gelişimini sağlar. Zihinsel ve fiziksel dayanıklılığı artırır. Aitlik hissini artırır. Kişinin yaşamda yerini bulmasını sağlar. Cinsel enerjiyi dengeler. Menopoz belirtilerini azaltır.

Garudasana

🜄 3. *Garudasana*

Tadasana'ya gelerek dizlerini büküp ayak başparmaklarının üzerine dizlerini geçmeyecek şekilde hafifçe çök. Sağ bacağını sol bacağının üzerine atarak, sol bacağının etrafına dola ve sağ ayağını sol bacağının arkasına tak. Takamıyorsan problem değil, yeter ki sağ arka bacağın sol üst bacağının üzerinde olacak şekilde bacak bacak üzerine atmış ol. Dirsekleri bük ve göğüskafesinin önünde, sağ önkolunu sol önkoluna dola. Bu pozisyonda kürekkemiklerin birbirinden uzaklaşarak sırtını esnetiyor olacak. Avuç içlerini birleştir. Eller aktif bir şekilde birbirini itiyor olsun. Sırtının uzunluğunu bozma ve bu pozisyonda dengede kalmaya çalış. Duruşu 7 nefes tuttuktan sonra hareketi diğer taraf için uygulayabilirsin. Hareketi iki taraf için de 3 kez daha tekrar edebilirsin.

Faydaları: Bacak kasları, ayak bilekleri, kalça, omuz, sırt ve omurgayı esnetir. Bacak kaslarını, sırt, omuz, karın ve bel kaslarını kuvvetlendirir. Diz eklemini güçlendirir. Sindirim sisteminin daha iyi çalışmasını sağlar. Menopoz belirtilerini azaltır. Dharma'nın daha görünür hale gelmesini sağlar.

Virabhadrasana I

∀ 4. Virabhadrasana I (Savaşçı Duruşu I)

Tadasana'ya geçerek sağ adımınla geriye uzun bir adım at ve sağ ayağını 45 derece kadar sağa döndürerek, topuğunu sol topuğunla aynı hizaya koy. Sol dizini 90 derecelik bir açı yapacak şekilde bük. Sol dizinin sol ayak parmaklarını geçmemesine özen göster. Sağ ve sol ayak tabanlarınla kendini aktif bir şekilde it. Kalça kemiklerini karşıya doğru döndür ve sabitle. Kollarını yukarıya uzatarak göğüskafesini kaldırabildiğin kadar havaya kaldır ve belinden de hafifçe geriye doğru bükül. Beline yük bindirmemek için de kalçanı yere doğru it. Böylece bel omurlarının arasını açmış olacaksın. Omuzların, kulaklara fazla yaklaşmasından kaçın ve yukarıya doğru bak. Kalçanı aşağıya iterken, pelvisten kollara doğru tamamen uzadığını hisset. Duruşu 7 nefes tuttuktan sonra hareketi diğer taraf için uygulayabilirsin. Hareketi iki taraf için de 3 kez daha tekrar edebilirsin.

Faydaları: Kalçayı büken kasları, iç bacak kaslarını, karın kaslarını ve ayak bileğini esnetir. Göğsü ve omuzları açar. Kolu, omzu, dizi, üst bacağı (quadriceps), ayak bileğini, karın kaslarını, bel kaslarını ve sırtı kuvvetlendirir. Dayanıklılığı ve dengeyi artırır.

Virabhadrasana III

🜄 5. *Virabhadrasana III (Savaşçı Duruşu III)*

Tadasana'ya gel. Derin bir nefesle vücut ağırlığını sol bacağının üzerine al. Sırtını dik ve core kaslarını aktif tutarak üst gövdeni öne doğru yere paralel gelecek şekilde eğerken, sağ bacağını da yere paralel bir şekilde geriye doğru uzatarak havaya kaldır. Sol üst ve iç bacak kaslarını sıkarak duruşunu sağlamlaştır. Kalçanı döndürme ve kalça kemiklerinin yere bakıyor olduğundan emin ol. İki dizini de gergin tut ve kollarını kulaklarının hizasında ileriye doğru uzatarak yere paralel hale getir. Yere doğru bakarak boynunu uzun ve rahat tut. Duruşu 7 nefes tuttuktan sonra hareketi diğer taraf için de uygulayabilirsin. Hareketi iki taraf için de 3 kez daha tekrar edebilirsin.

Faydaları: Ayak bileklerini, bacakları, kalçayı, omuzları, karın, bel ve sırt kaslarını kuvvetlendirir. Dengeyi artırır. Duruş bozukluklarını düzeltir. Devam ettirme kabiliyetini artırır.

Uttanasana

∀ 6. *Uttanasana (Ayakta Öne Bükülme)*

Tadasana'ya gel. Karnını hafifçe içeri çekerek kuyruksokumunu içeri doğru uzat ve sırtını uzun tut. Derin bir nefes alarak kollarını havaya kaldır ve nefesini verirken kalçadan öne doğru sırtını dik tutarak bükülmeye başla.

Ellerini yere değdirmeye çalış. Yapamıyorsan bacaklarından tutabilirsin. Eğer öne rahat büküldüysen ellerini ayaklarının yanlarına koymayı dene. Ayaklarınla yeri iterken kalçanı da havaya doğru iterek yerden kalçana doğru uzamayı artır ve karnını üst bacaklara değdirmeye çalış. Karnındaki nefesi tamamen boşaltarak karnını içeri çek ve belinden daha da uzayarak göğüskafesini ve başını bacaklarına değdirmeyi dene. Duruşta 7 nefes kaldıktan sonra hareketten çıkabilirsin. Hareketi 3 kez daha tekrar edebilirsin.

Faydaları: Omurgayı, arka bacak kaslarını, baldırları ve kalça kaslarını esnetir. Sırtı, omurgayı ve üst bacak kaslarını kuvvetlendirir. Duruş bozukluklarını giderir. Zihinsel gerginliği azaltır. Kişinin kendiyle barışık olmasını sağlar. Bulunduğu yere çabuk ve kolay topraklanmasına destek olur.

Moola Bandha (*Kök Kilidi*)

∀ *1. Aşama*

Rahat bir oturuşta bir minderin üzerine otur. Sırtın dik olsun. Anüs ile cinsel organın arasındaki alanın farkında ol. Bu bölgedeki kasları yukarı doğru kasarak/çekerek gevşet... Belli bir sıklıkla ve ritimle kasıp gevşetmeye devam et. Bu sırada nefes alış-verişin doğal olsun. Başlangıçta 10 kere uygulaman yeterli. Zamanla 20 kereye kadar çıkabilirsin.

Kasılma sadece bu ara bölgede olmalıdır. İlk başlarda anüs ve idrar kanalı birlikte kasılacaktır. Fakat muazzam farkındalık ve kontrolle zaman içinde minimuma düşecek ve kasılmayı bırakacaklardır. Pratikte ilerledikçe, sadece bir noktada kasılma hissedilecektir.

🜃 2. *Aşama*

Tüm nefesi boşalt ve nefesi dışarıda tut. Ardından Moola Bandha'yı uygula ve anüsle cinsel organ arasındaki kasları sıkarak kasılı tut. Biraz daha güçlü sıkmaya çalış, ama bedenin bütünü rahat olmaya devam etsin.

Sonrasında kasları aynı anda ve yavaşça gevşet. Derin bir nefes al. Maksimum on kasılmanın ardından dinlenerek çalışmayı sonlandırabilirsin.

Faydaları: Ruhani uyanmaya hazırlar. Üreme organlarını tonlar. Pelvik sinirlerini düzenler. Depresyonu azaltır ve sağlığı yükseltir. Ölüm korkusu, uçak korkusu gibi yaşamsal korkuları ortadan kaldırır. Moola Bandha cinsel kontrolü sağlar ve bu da ruhani pratik için cinsel enerjinin yönlendirilmesi sonucunu doğurur. Bedendeki toprak elementini dengeler ve güçlendirir.

वायु

HAVA

Hava elementinin temel nitelikleri itme ve destektir. Hava elementi somut işle soyut arasında köprü vazifesi görür. Konu hava elementi olduğunda artık ne çok soyut ne de çok somut bir şeyden bahsediyoruzdur. Hava iletim özelliğine sahiptir. Diğer elementlerin kendini ortaya koymasını desteklemek onun vazifesidir.

Hava, toprağın devam ettirdiği şeyi ustalığa taşır. Analitik çalışma yeteneğinden dolayı konuyu ilgili alanlara ve kanallara ulaştırır.

Hava bilimadamı gibidir. Elindeki malzemeyi sürekli olarak daha iyi bir şekilde nasıl kullanabileceğiyle ve hangi noktalara ulaştırabileceğiyle ilgilenir.

Havanın iletim özelliği onu sosyal bir element yapar. Hava, diğer tüm elementlerle her daim ilişki içinde olmaya çalışır. Her an onların işlerine yardıma hazırdır. Elementlerin kendilerini doğru ifade etmelerini sağladığı için hava elementi aslında muhteşem bir ifadecidir diyebiliriz.

🜁 **Duygularda hava elementi:** Hoşgörü, memnuniyet, sabır, anlayış, hoşnutluk, kabulleniş, alışmak, hoşlanma (insana karşı), dünyevi dildeki sevgi...

🜁 **Bedende hava elementi:** Bedenimiz havayla doludur. Hava elementi bedenimizde çeşitli alanlara ve bu alanlarda çeşitli görevlere ayrılır. Hava elementi beden içindeki iletimi sağladığı gibi, diğer tüm şeylerle olan bağımızı da destekler.

Hava genelinde en zor gözlemlenen elementlerden biri olsa da, solunum yoluyla hava elementinin değişimini takip etmek kolaydır. Nefesteki herhangi bir değişim, zihninde sabitliğinin dağıldığı anlamına gelir. Sadece nefesi sabit tutmak bile, zihni sabit tutmayı sağlar. Çünkü hava elementi bilinci aktive eder. Zihin sabit kalmayı başardığında, kontrol bilinçtedir. Bu yüzden nefesi iyi gözlemlemek önemlidir.

Havanın nasıl çalıştığını anlamak için, akciğerlerin nasıl çalıştığı izlenebilir. Akciğerler hava elementinin kontrolündedir.

Doğal nefes alıyorsan hava düzgün çalışıyordur.

Nefesin yarım kalıyorsa, hızlıysa veya kesik kesik ise bu elementinde problem vardır ve vücutta doğru çalışmıyor demektir.

Kürekkemikleri de hava elementinin kendini en çok gösterdiği bölgelerdendir. Kişi aldatıyor veya aldatılıyorsa (sadece ikili ilişki boyutunda değil) bu bölgelerde ağrılar hisseder. Hava elementi doğru hareket etmediği için bu bölgede adeta sıkışır.

Bel fıtığı gibi belde oluşan rahatsızlıklarla da hava elementi dolaylı da olsa ilişkilidir. Ateş elementinde bel rahatsızlıklarının maddi dünya kaygılarından dolayı olduğundan bahsetmiştik. Kişi maddi dünyada yaşadıklarına manevi bir alan açarak deneyimlerini ince bir alana taşıyabilirse bel rahatsızlıkları oluşmaz. Yani bel rahatsızlıklarında havanın dengeli olmadığını ve deneyimleri yeterli anlayışa kavuşturamadığını söyleyebiliriz.

Eklem sesleri de havaya dahildir. Eklemlerde sürekli hava boşalıyorsa, vücuttan hava atılıyorsa hava yoğun çalışıyordur.

Mesela çok dedikodu yaptığında parmaklarını çıtlatırsın. Hava elementi bilgi aktarmayı sever. Söylediği şeyin doğruluğuyla ilgilense de, havası yüksek olanlar bilginin doğruluğunu teyit edemeyecek kadar aceleci olabilirler.

Havanın gözlemlenmesinin bir diğer kolay yolu da vücuttaki hava topluluklarının gözlemlenmesidir. Gazın oluşması, sindirememe gibi... İletilmesi gereken sana ya iletilememiştir ya da sen iletememişsindir ki gaz olmuştur. "Ne oldu gazın mı var?" deyişi, "Anlatamadın mı derdini?" anlamında kullanılır. Hava elementi sevgiyi taşıyan elementtir. Bu yüzden sevgiye en yakın elementtir. Havada olumsuzluk yoktur. Hoşgörü temeldir. Ne de olsa elçiye zeval olmaz.

Hava elementi güçlü olanlar, "hoş"u görme yeteneklerinden ve sevgiyi yoğun hissetmelerinden dolayı tahammüllüdürler. "Yaptığın şey benim hiç işime yaramasa da yap çünkü seni seviyorum..." derler. Hoşu görmeleri onları tahammüllü kılar.

Sevginin dünyevi her formu buradadır. Bencil sevgi, karşılıksız sevgi, fedakârlık...

Hava elementi eksikse hoşgörüsüzlük başlar. Hava iyi çalışmıyorsa memnun olamazsın... Memnuniyetsizlik hali söz konusudur.

"Bu ne biçim çay, hava ne kadar sıkıcı, ne tatsız bir dondurma..." gibi sürekli bir memnuniyetsizlik, memnun olamama durumu yaşanıyordur.

Hava elementinin iki önemli niteliği vardır.

Destek ve itme...

Havanın en önemli vazifesi her şeyi taşımak, aynı zamanda itici kuvvette bulunmak... Bu noktada hava aslında bildiğin bir şeyi daha ileriye taşımak için itici kuvvet gösterir. Sadece kendi hayatı için değil, başkalarının hayatı için de...

Hava bildikleriyle yol göstermeyi, kılavuzluk etmeyi doğası gereği yapar. Havası dengeli olanlar iyi danışmanlardır. Kimileri işi için, kimileri de hayatı için hava elementine akıl danışır.

"Sen bu işi mutlaka kur, bak sana bunun büyük bir getirisi olacak ve zaten gerekli şartları oluşturmuşsun bile."

"Sen bu evi alırsan senin için çok mantıklı bir hamle olmaz. Şu civardaki evlere bakalım bence ne dersin?"

"Bu ilişki için çok şey yaptın. Şimdi ufacık bir şeyde hemen küsüp bırakacak mısın? Hızlı karar verme. Biraz üzerinde düşün."

Bu söylevler havası yüksek olanların dillerinden dökülür.

Hava, iletişim ve ulaştırma elementidir. İletişimi kuvvetlendirir.

Dedikodu ortamlarını düşün mesela. İyi veya kötü, birtakım konuşmaların yoğun olduğu yerlerde hava elementi yüksektir. Dedikodu dediğimiz eylem de temelinde zaten bir sözü ya da bilgiyi bir yerden alıp başka bir yere aktarmak değil midir?

Dolayısıyla birlikte dedikodu yapan insanlar arasındaki bağ güçlenir. Çünkü hava elementi iletim sağlar ve bağ kurdurur. Böylece samimiyet de artar. Hiçbir olguyu ya da hiçbir deneyimi ve durumu "iyi" ve "kötü" kalıplarıyla tanımlamamaya dikkat etmen gerektiğini hatırlatmıştım. Elementler iyiler ve kötüler diyerek saf tutmaz. Olmuş olan, olmakta olan gerçektir ve tarafsızlık her zaman esastır.

Aynı şekilde yazı yazmak da hava elementidir. Bir şeyi yazarak başka bir yere aktarmaktır.

Havası yüksek olan insan herkese destek olan, herkesin her yaptığına yardım eden, herkese her şeyi anlatan, "Bak bilmem kim de bunu dedi, bilmem nerede de şu oldu..." diyerek sürekli habercilik yapandır.

Havası düşük olanlar destek olmazlar. Karşısındaki insanın yük taşımaktan beli çıkacak bile olsa, yerinden kalkıp el atmaz. Yerinde durup bekler. Hava elementi az olan insanın ağzından kerpetenle laf alırsın, bir türlü anlatmaz. Havası az olduğundan aktaramaz. Tasvir yeteneği zayıftır.

Havası iyi çalışanın ifade yeteneği çok güçlüdür. Havası iyi çalışanın toleransı da yüksek olur. "Her işin içinde bir hayır vardır..." der. Ancak havası yüksek olanların ifadelerinde karışıklıklar oluşabilir. Fazla detaylı ve tasvirli anlatarak bir türlü kısaca aktarması gerekene gelemez. Yine yardım ederken de fazla müdahaleci olur. "Bir dur artık karışma!" dediğin noktaya vardırır işi ki her şeye karışmak bu insanlar için yorucudur da.

🜁 **İlişkilerde hava elementi:** İlişkide hava elementi dengeli olanların iletişimi çok güçlüdür. Kelimelere bile ihtiyaç duymadan karşısındakini kolaylıkla anlarlar. Bu seviyede tam anlamıyla kalpten bir iletişim gerçekleşir. Partnerlerine her konuda bir şekilde destek olurlar. Havanın anlayışlı, memnun ve hoşgörülü tutumu ilişkiyi her daim tamamlar.

Hava dengesizse birlikte hareket etme sorunu ortaya çıkar. Hava dengedeyken mantıklı ve anlayışlı bir çerçevede bulmak mümkün olduğu halde, hava yüksekken sürekli bilgi yarıştırma, akıl verme ya da eleştiri söz konusu olacağından işler zorlaşabilir.

Yüksek hava "Benim dediğim doğru!" tavrındadır. "Hava atmak" deyimi de bu inatçılıktan ileri gelir. Kişi havasını gösterme, yani topraktan taşınan birikimi sunma çabasındadır.

Havası yüksek olan, günün nasıl geçtiğini bile rapor verir gibi anlatır. Hesap verme ve aktarma ihtiyacı duyar hep. Rapor vererek havayı dengelemeye çalışır.

Günlük tutma, videolar çekip yollama, farklı şekillerde sosyal çevrede kendini ortaya koyma halindedir. "Havan batsın, havasından geçilmiyor..." gibi tabirler de aslında havanın ilişkilerdeki halini anlaşılır kılar.

Yeri gelmişken şunu da hatırlatayım, karşı tarafı dinlemeyen insanın ateşi yüksektir veya Akaşa'sı, havası değil...

Havası düşük olana "Günün nasıl geçti?" diye sorduğunda bile güç cevaplar alırsın. Belki sadece "Aman işte nasıl geçsin?" der ve sonlandırır konuşmayı.

Düşük hava ilişkide memnuniyetsizlik hissettirir. Tamamlayıcılıktan ziyade, eksiklik arayışı vardır.

Havası yüksek insana havası düşük bir partner iyi bir dengedir. Çünkü birinin anlatacak şeyi çoktur, diğerininse anlatacak hiçbir şeyi yoktur.

İlişkide havası dengeli veya yüksek olan yaşadığı şeyi hep bir adım öteye taşıma ihtiyacı içindedir. "Yüzük takalım mı? Ailelerimizi tanıştıralım mı?" der.

Mesela yogaya başladıysa "Sen de gel başla..." ısrarında olur. O yogada yol kat etmiştir ve karşısındakini de kendi seviyesine taşımak ister.

Bir ateş elementi asla "Ben yaptım sen de bana ulaş ve yogaya başla..." demez. "Birlikte yogaya başlayalım..." der. Yani ateş ortaya fikir atar. Hava ise deneyimiyle yol gösterir veya örnek olur. Karşısındakinin de kendi "seviyesine" ulaşmasını bekler.

Hava elementi "Sen kitap okumadığın için benim dediklerimi anlayamıyorsun. Ben bu konuda çok meyve topladım ama senin meyven olmadığı için önce sana meyve toplayalım ki benim ne demek istediğimi anla..." der. İşin içinde biraz kibir vardır ama bu aşağılamak ya da övünmek için değildir. Havası güçlü birinin elinde gerçekten sağlam meyveler vardır.

Ateş söyler ve geçer ama karşısındakinin onun önerdiği şeyi yapmamasını aşağılayabilir. "Sen yogadan ne anlarsın zaten?" gibi bir tutum sergileyebilir. Hava ise söyleyip geçmez. Konuya dahil olmasını ister çünkü havada yönlendirme yani ileri taşıma vardır. Hava karşısındakine elindekini sunarak, kendi alanına ulaştırmak için destek olur. Ateş gibi söyleyip de sonra kendi yoluna gitmez.

🜁 **Hava ve ateşin ilişkisi:** Hava elementinin sosyal yanıyla ateş elementinin hareketli doğası birbirini tamamlar. İki element de yeniliklere ve harekete açık olduğundan birbirleriyle uyum içinde çalışırlar. Ateşin yeni fikirleri vardır. Havanınsa bu fikirlere yol gösterecek deneyimi. Böylelikle bir arada güzel ekip olurlar.

Ateşin sürekli konudan konuya geçmesi havanın ateşi gerçekçi bulmamasına yol açabilir.

Havanın rasyonellik ve zekâ arayışı, ateşte doğrudan bulamayacağı bir özelliktir. Ateş zekâdan çok bedenle ilişkilidir. Bedensel yetenekleri, mimikleri, bakışları, konuşma yeteneğiyle kendini gösterir ateş. Havası yüksek olanlar, bu noktada ateşi "sığ" bulabilirler.

Hava elementi havalıdır. Bu yüzden ilişkide ateş olan biri, ateşi düştüğü an havanın karşısında bütün etkileyiciliğini yitirebilir. Ancak ateş çok fazla olduğunda da havanın üzerinde kibirli ve itici bir izlenim bırakabilir. Hava, dengeli bir ateş arar. Hatta yoğun ateşe hayranlık duyar.

🜁 **Hava ve toprağın ilişkisi:** Havanın sosyal yapısı, dışarıya, topluma ve "başka" şeylere olan eğilimi toprağa güvensizlik hissettirebilir. Hava, toprağın beklediği sabit ve düzenli ilişkiyi kolaylıkla sunamayabilir. Hava araştırmacı ve gelişime çok açıktır. Toprağın somut ve gerçekçi tarafı hava açısından çekicidir. Aynı zamanda hava somut ve soyut arasında bir köprü olmasından dolayı, toprağı soyutla tanıştırabilecek marifete sahiptir. Sabit olan toprak, havanın yumuşak ve hafif desteğiyle somut alandan soyut alana doğru hareket etme kabiliyeti kazanabilir. Hava insanı, toprağı ilişkide beklemediği alanlara zorlayarak değil, doğal bir akış içinde taşıyabilir.

Hava anlayışlıdır. Toprağın somutluk arayışını cevaplayabilecek kadar da zekidir.

🜁 **Hava ve havanın ilişkisi:** Her element kendinden olanla anlaşabilir olsa da tüm elementler arasında en anlaşılabilir olanı havalardır. Birlikte aynı doğayı tezahür ettirdikleri için (iletim, destek) birbirlerinin ihtiyaçlarını kolaylıkla görürler. Benzer sorunlarda beraber sıkışırlar. Hava analitik bir düşünme yapısına sahip olduğundan iki hava insanı birbiriyle kolay iletişim kurar. Manevi yanlarının sunduğu kalpten iletişim yetenekleri sayesinde konuşmadan bile birbirlerinin dilini anlayabilirler. Birçok konuda birbirlerine destektirler. Konuşmadan bile birbirlerinin dilini anlayabilirler. Birçok konuda birbirlerine destektirler.

🜁 **Hava ve suyun ilişkisi:** Hava daha analitik bir elementken su daha duygusal bir elementtir. Havanın dengeli olmadığı durumlarda aralarında uyumsuzluk yaşanması mümkündür.

Hava bütün yapıcı duyguları taşıdığı için ve destek özelliğinden dolayı suyun duygusal yapısıyla kolaylıkla ilişki kurabilir. Hava elementi gerçekçilik peşindedir, su ise derin duygu okyanuslarında kaybolabilir. Lakin havanın manevi yanı bu kayboluşlardan beslenebilir.

Hava, iletim yeteneğinden dolayı sosyal bir yapıya sahiptir. Su ise daha kendi içine, evine, odasına, kendi alanına meraklıdır. Su her şeyin derinine inmeyi sever. Bu yüzden daha kendine ait bir alan yaratma çabasındadır.

Hava dengede olduğunda suyun tutumuna kolaylıkla anlayış gösterip ona destek olabilirken, yüksek hava için bu tipler probleme dönüşebilir.

Doğadaki suyu düşün mesela. Kolaylıkla dışarıdan aldığı bir maddeyle rengi, tadı, yapısı değişebilir, hemen etkilenebilir değil mi?

Su elementi yoğun olanlar da su gibi hassas olurlar ve bu yüzden kalabalıktan uzak olmayı doğaları gereği severler. Uzaklıkları çevreye yabancılaşmak değildir. Çünkü su bir arada tutmayı sever. Her şeyi bir arada tutmak için enerji harcamaktan kaçınmaz. Ancak onun her şeyi ve herkesi bir arada tutma özelliği, hava elementindeki gibi sosyallik arayışı doğurmaz.

Su "Arkadaşlarımızı uzun zamandır görmüyoruz, bu hafta bir buluşma ayarlayalım..." diyerek uzun süredir görmedikleri insanlarla bağlarını sağlam tutmak isterken hava "Bu akşam yine arkadaşlarımızla buluşsak ya beraber vakit geçiririz..." der.

🜁 **Hava elementini dengelemek:** Havayı tabii ki yine hava dengeler. Birtakım nefes çalışmaları ve vücudun ön bölgesini esneten, bel bükülmeleri gibi hareketlerle hava elementini dengelemek mümkün.

Sosyal topluluklar içinde bulunmak, kalabalıklarda vakit geçirmek de denge getirir. Karşılık beklemeden yapılan toplum hizmetleri ve aynı şekilde yazarak kendini ifade etmek de iyi bir dengeleme yöntemidir.

Yeri gelmişken küçük bir bilgi daha vereyim.

İnsanların beyinleri en çok ne zaman çalışır dersin?

Yeni bir bilgi öğrenirken mi? Matematik işlemi çözerken mi? Bulmacalarla uğraşırken mi?

Hiçbiri değil...

Yeni bir insan tanıdığında...

İnsan beyninin en büyük zorlanma ve gelişim gösterdiği yer, yeni bir insan tanıdığı anlardır. Hayatına yeni insanlar sok, sosyal alanlarda vakit geçir. Sosyal ortamlarda telefonunla oynamak yerine insanlarla temas kur.

Gözlemle, konuş, dinle...

Beyninin daha üst alana ulaşabilmesi için, potansiyelini ortaya çıkarmak üzere insanlarla ilişki içinde ol. Yani hava elementini güçlü tut. Ne de olsa tanımak hava elementinin işidir.

Hava kendini dengelemek için çeşitli yollara başvurur. Hava elementi bedende çok yükseldiğinde ve dengelemek adına bir şey yapılmadığında gaz oluşur, derin nefesler alma eğilimi baş gösterir, parmak çıtlatmalar başlar.

Hava düşük olduğunda ise insan esner, kollarını yukarı veya geriye uzatarak gerinir, nefesi tutma eğilimi gösterir...

Bedeninde bunları gözlemlediğinde anla ki hava elementin dengelenmeye çalışıyor.

🜁 **İş hayatında hava elementi:** Çağın ötesinde fikirlere sahiptirler. İleri görüşlüdürler ve etraflarındaki insanların da gelişimini desteklerler. Bu yüzden muhteşem danışmanlar ve ekip liderleri havası yoğun olanlardır. Yaptıkları işte en iyi olmaya, tüm hatlarıyla işe hâkim olmaya çalışırlar. Ustalaşma çabasındadırlar. Kendilerine özgü stilleri vardır.

Çevrelerine öğretemedikleri ve yeni buluşlar gerçekleştiremedikleri noktada beslenemeyebilirler. Fikirlerini uygulayabilecekleri alanlara ihtiyaç duyarlar.

Tasarımcı, müzisyen, müşteri ilişkileri, PR, reklamcı, turizm, teknoloji, pilot, hostes, çevirmen, danışman, elçi, çağın meslekleri, felsefeci, konuşmacı, öğretmen, mucit olabilirler.

🜁 **Toplum içinde hava elementi:** Hava elementi toplum insanıdır. Yeni insanlar tanımayı, tanıştırmayı severler. Sosyal yapılarından ötürü toplumun her zaman bir parçası olmayı kendilerine iş edinirler.

Komşuları bir araya toplayanlar, tanıştıranlar, arkadaş gruplarını birbiriyle buluşturanlar, toplumda hava elementi dengeli olanlardır.

Üstelik sadece yakın komşularla da ilgilenmezler. Uluslararası alanda birleştirici rolleri vardır. Bir toplumun diğer toplumlarla olan sağlıklı ilişkisi o toplumun hava elementiyle ilgilidir. Toplum içinde hava elementi ne kadar dengeliyse, diğer toplumlarla o derece sağlıklı ve derin ilişkiler kurulur.

Havası yüksek olanların toplumsal sınıflandırmalarla derdi vardır. Aynı dili konuşamamak, kendini aynı toplumsal statüde görmemek gibi... Havası yüksek olan insan toplumda "Herkes yerini bilsin!" beklentisi içindedir. Havası yüksek olanı "Ben üniversite mezunuyum. Benim oyumla onun oyu bir mi?" diye cümle kurarken görebiliriz. Ya da "Herkesin gittiği o kafeye gitmeyeceğiz herhalde?" der.

Hava elementi kendini anlatamayacağı, aynı bilgi ve kültür birikimine sahip olmadığı kişilerle bir arada bulunmamayı kibrinden dolayı değil, iletimi daralacağı için tercih eder. Bu aslında onun kendini tezahür ettirme ihtiyacının sonucunda yaşanan bir sonuçtur.

Hava elementi düşük olanlar içinse durum tam tersidir. Havası kaçmış balonlar gibi, yerini aramaktansa bulundukları yere yerleşirler. Toprağa yakın bir tutum sergilerler. Bir arada olmak doğalarından gelir, ama ilişkileri bir adım öteye taşımak için çaba sarf edemezler. Dengeli bir hava gibi grupları bir araya toplayabilecek liderlik vasıfları göstermezler.

🜁 **Cinsellikte hava elementi:** Hava elementi cinsel ilişkiyi daha teknik boyutlara taşımayı sever. Konuyu araştırır, üzerine çalışır ve partneri ile konuşarak kusursuz bir cinsel ilişki ortaya çıkarmaya çalışır. Çünkü onun için her şeyin bir matematiği vardır.

Gözü kapalı girilmiş, üzerine konuşulmamış ve farklı şeyler denenmemiş bir cinsel ilişki onun için "başarısız" olarak nitelendirilir. İlişkinin sonuçları ile de ilgilenir. Sadece cinsel ilişkiye girmek değil, ilişkiyi zirvede tamamlamak onun için bir iştir.

Hava, cinsel ilişkiyi renklendirecek ortamlar kurmayı ve müzikler çalmayı severler. Cinsel ilişki bir hava elementi için temasla başlamaz. Temastan önce ortam hazırlanır. Partner, çoktan konunun nereye gideceğini hissetmeye başlar.

Hava yapısı gereği çoklu ilişkilerden hoşlanır. İlişkide başka birinin daha olmasından veya izleniyor olmaktan hoşlanırlar. Bu tür fanteziler de hava elementinin doğasından kaynaklanır.

Hava Elementini Dengeleme Egzersizleri

Anoloma Viloma

🜁 *Anoloma Viloma*

Kalçanın altına yastık koyarak sırtını dik tut ve dizlerin rahatça yere değecek şekilde otur. Kaslarının gevşemesi ve rahat olması için kalçanın altına koyacağın yastığın (veya benzeri bir objenin) yüksekliğini ihtiyaç duyduğun şekilde ayarlayabilirsin.

Omurga uzun, omuzlar rahat olmalı... Sol elini dizinin üzerine yerleştir. Sağ elinin işaret ve ortaparmağını bük ve sağ elinin başparmağıyla sağ burun deliğini kapatıp dörde kadar sayarak sol burun deliğinden nefesini tüm bedenine doldur.

Sonra sağ elinin yüzükparmağıyla sol burun deliğini kapayarak sekiz saniyede sağ burun deliğinden nefesini ver. Ardından sol burun deliğini kapamaya devam ederken sağ burun deliğinden yine dört saniye boyunca nefesi bedenine doldur. Başparmağınla sağ burun deliğini kapayarak sekiz saniyede nefesini sol burun deliğinden ver. Nefes alış-verişine bu şekilde devam ederek her nefes alışın bir tane sayılacak şekilde toplamda 20 tane uygulayarak pratiğe başlayabilirsin.

Rahat ettikçe beşer tane artırarak bir seferde 80 taneye kadar çıkabilirsin.

Faydaları: Yaşlanmayı engeller, cildi parlak ve gergin hale getirir, hastalıkların oluşmasını engeller, metabolizmanın daha iyi çalışmasını sağlayarak bedenin fazla yağ tutmasını engeller. Anlayışı, memnuniyeti, hoşgörüyü ve sabrı yükseltir.

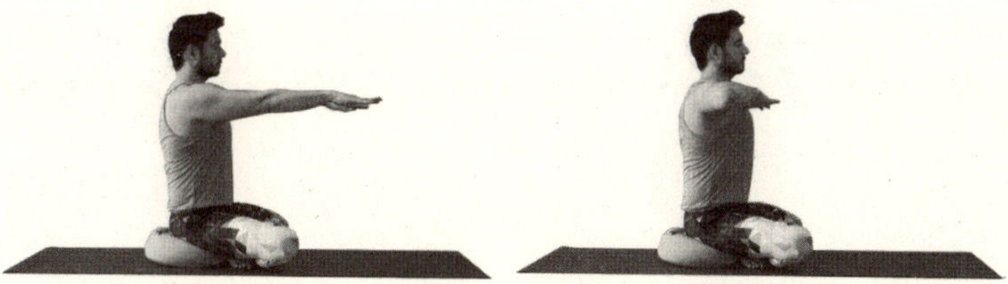

Köprü Nefesi

♙ *Köprü Nefesi*

Kalçanın altına yastık koyarak, sırtını dik tut ve dizlerin rahatça yere değecek şekilde otur. Kaslarının gevşemesi ve rahat olması için kalçanın altına koyacağın yastığın (veya benzeri bir objenin) yüksekliğini ihtiyaç duyduğun şekilde ayarlayabilirsin.

Omurga uzun, omuzlar rahat olmalı...

Gözlerin kapalı olsun. Burundan derin bir nefes alırken kolları omuz hizasında ileriye doğru uzat. Ardından nefesi sert ve hızlı bir şekilde burundan verirken ellerinle göğüskafesinin üzerine hızlıca vur. Bu vuruş esnasında dirseklerin omuzlarının hizasında iki yanda, kol altın 90 derece olacak şekilde dursun. Vuruş hızlı ama nazik olsun. Bu vuruş anında göğüskafesini de hafifçe havaya kaldırarak aç. Yeniden derin bir nefes alırken kollarını ileriye doğru uzat. Ve nefesi yeniden sert bir şekilde verirken ellerinle göğüskafesine nazikçe vur. Çalışma boyunca dirseklerin omuz hizasından aşağıya düşmediğinden emin ol.

Çalışmayı başlangıçta 3 dakika uygulayabilirsin. Zamanla 6 dakikaya çıkarabilirsin. Egzersiz bedenine iyice oturduğunda 12 dakikaya kadar bile uygulayabilirsin.

Faydaları: Solunum ve kalp sistemini güçlendirir. Anlayışı artırır. Zihindeki bulanıklığı ortadan kaldırır. İletişim yeteneğini güçlendirir. Zekânın kullanılmasını engelleyen duygu bulutlarının daha kolay dağılması için zemin hazırlar.

△ *Kumbhaka*

Kumbhaka nefes tutma çalışmasıdır. Bu çalışmada içeride nefesi tutarak hava elementini dengeliyor ve güçlendiriyor olacağız.

Kumbhaka'yı, Anoloma Viloma çalışmasında uygulayacağız.

Sol burun deliğinden dörde kadar sayarak nefesini al. İki burun deliğini de kapayarak nefesini dört saniye içeride tut. Ardından sağ burun deliğinden sekiz saniyede nefesini ver. Dört saniye de sağ burun deliğinden nefesini al ve nefesini dört saniye içeride tuttuktan sonra sol burun deliğinden sekiz saniyede geri ver.

Dört saniyede nefes alıp sekiz saniyede vermek zorluyorsa, üç saniyede nefes alıp, üç saniye Kumbhaka uygulayıp, altı saniyede de nefesini vererek çalışabilirsin.

Bu çalışmayı başlangıçta on Kumbhaka olacak şekilde günde 2 kere sabah ve akşam uygulayabilirsin. Pratiği rahat yaptığında beşer beşer artırabilirsin. Maksimum seksen Kumbhaka'ya kadar çıkabilirsin.

Pratik oturduğunda günde 4 kere (sabah, öğle, akşam, gece) yapabilirsin.

Kumbhaka'yı beşer beşer artırdığından emin ol. On Kumbhaka ile başladıktan hemen bir hafta sonra seksen Kumbhaka uygulaması yapma. Bu çalışmayı gereğinden yoğun uygulamak yani bir anda on Kumbhaka'dan elli Kumbhaka'ya çıkmak bedende stres oluşturabilir ki stres birçok hastalığa neden olabilir. Bu yüzden pratiğin basamak basamak ilerlemesi çok önemli...

Pratik ilerledikçe, nefes tutma süresini dört saniyeden sekiz saniyeye çıkarabilirsin.

Faydaları: Cildi temizler. Cildi parlak ve sağlıklı bir hale getirir. Derideki kırışıklıkları ve deformasyonları ortadan kaldırır. Solunum yolu ve kalp sağlığını artırır. Hastalıkları ortadan kaldırır. Yaşam kalitesini artırır.

अप्

SU

Su elementinin niteliği akışkanlık ve kohezyondur. Kohezyon niteliği sayesinde kendi gibi şeyleri bir araya çeker ve bir arada tutar. Su deneyimlerle ilgilenir. Bilgileri ve olayları bir araya getirmekle ilgilenir.

Duygular, derinleşme, şifa ve tefekkür suyun yoludur. Su elementi havanın ustalaştığı ve ileriye taşıdığı konuyu tamamına erdirir. Tüm sürecin neden yaşandığı, nereye taşındığını görmemizi ve anlamamızı sağlar.

Suyun getirdiği şifa, suyun bütünleyici tavrındandır. Su parçalara ayrılmaya değil, bir arada durmaya çalışır. Her şeyin birliğini, beraberliğini ortaya çıkararak bütünlüğü, tamlığı ortaya koyar.

Su adeta ikili ilişkilerin efendisidir. Bütün ikili ilişkiler su elementi tarafından tezahür ettirilir.

▽ **Duygularda su elementi:** Şehvet, zevk arayışı, utangaçlık, sorgulama, zevk, arzular, tutku, bağımlılık, pişmanlık ve acı su elementiyle ilgilidir. Su elementi birçok temel duygunun merkezidir. Aynı zamanda modifikasyonlar (zihin kalıpları) bu elementtedir.

▽ **Bedende su elementi:** Su elementinin vücutta en çok çalıştığı yer boşaltım sistemidir. Aynı zamanda sindirim sisteminde de bağırsaklarda çalışır.

Bağırsaklar, su elementinin bulunduğu bölge olduğu için senin de düşünmeye başladığın yerdir aslında, yani ikinci zihnindir. Tefekkür ettiğin alandır.

Bu yüzden "Ne yersen osun!" demişler. Bağırsak sağlığı insanın zihinsel sağlığı açısından oldukça önemlidir. Aynı zamanda bu bölgenin nasıl çalıştığı, kişinin ne tarz ilişkiler kurabileceğini de belirler. Çünkü su elementi kendi titreşimine uygun ilişkiler arar. Kendisi neyse ona çekilir. Bu yüzden karşısındaki insanda da kendini görür. İlişkide olduğu her insanda kendinin bir parçası tezahür ediyordur. Su ister istemez herkesi bir şekilde manevi bir alana çeker...

Vücudu sağa sola döndürüp burkma ve başı sağa sola oynatma ihtiyacı, su elementinin bedende denge aradığının göstergesidir. Küçük tuvaletin gelmesi ve sivilceler de su oranının yükselmesidir. Dizlerini bükme veya dirseklerin ile oynama ihtiyacı duyman da bedende su elementinin yoğunlaşmasındandır. O konun üzerinde daha düşünüyorsundur ve kendini yoruyorsundur. Konunun derinine girmek için bedeninde suyun yükselmesine izin veriyorsundur. Bu yüzden meditasyon oturuşları bağdaş ve benzeri şekillerde gerçekleştirilir.

Ayağını masaya kaldırıp uzatman ise tam tersidir. Böylece su elementini azaltırsın. Konunun derinine giremezsin. Zaten bir insan ne zaman bu pozisyonda oturur? Tabii ki umursamadığında, düşünmediğinde, konudan çıktığında...

Düşünmeye ihtiyacım varsa bedenimde suyun yükselmesine izin veririm, dizlerimi bükerim, suyu azaltma yoluna girerim... Bunun için de ya küçük tuvalete çıkılır ya da ayaklar az önce verdiğim örnekteki gibi yukarı kaldırılır ya da bacaklar uzatılarak uzanılır veya oturulur.

İnsan çok acı çekiyorsa, mutluluğu ve keyfi bulamadığı içindir. Bir şeyden çok keyif alıyorsa canı yansa bile mutlu ve keyiflidir. Yaşadığı şeyi acı olarak nitelendirmez. Belki tokat yemek bile canını yakmaz, bundan zevk alır.

Bir şeyi arzu etmek, bir şeye niyet etmek su elementinde başlar. Mesela hava alışkanlık doğurur, alışmak havada başlar ve suda bağımlılığa veya arzuya dönüşür.

Önce sabahları bir bardak kahve içme alışkanlığı kazanırsın. Sonra bu alışkanlık bağımlılığa dönüşür ve içmek için şartları zorlar, sabahlarını kahveyle tanımlamaya başlarsın. Yani kahve içme eylemi havadan suya aktarılır.

Arzuysa şöyle işler: Yoga dersine gidersin ve dersten keyif alınca düzenli yapmaya başlarsın. Ardından derse gitmediğinde eksik hissetmeye başlarsın. Bunun sonucunda yoga eğitmeni olma veya yoga stüdyosu açma arzusu ortaya çıkar. Yani konu suya taşınır.

Her zaman için önce alışkanlık, sonra bağımlılık veya arzu gelir.

İletişimle alışırsın, suda daha derinlere taşımak için o konuyu, durumu ya da hali arzu etmeye başlarsın.

İlk görüşte aşk dediğin karşılaşmada da elementler açısından bir birleşim vardır. İki taraf da birbirini tezahür ettirebileceği dizilimi bulmuştur. Bu yüzden aşk her zaman herkesle olmaz. Elementler bir araya geldiğinde mükemmel dengeyi ve uyumu yakalamıştır.

Bu yüzden âşık olanın su elementi, bu ikiliyi bir arada tutmak için yoğun çaba sarf eder.

Aşk, toprağın ihtiyacında, suda ortaya çıkar. Çünkü sen aşkı tamamlarsan suyu tamamlayıp dört evreyi tamamlamış ve sevgiyi ortaya çıkartmış olacaksındır.

Aşk arzuyla gelir. Derinleşmektir. Hoşlanma ve bu durumdan memnuniyet havadadır. Suyla birlikte artık aşkı tamamlıyorsundur ama çok insan tamamlanmış olmak istemez. Her zaman aşkın heyecanında kalmak ister. Arzular tamamlandığında bu yüzden memnun kalmazsın. Çünkü hep suda kalmak, tutkuda olmak istersin.

Adrenalin salgılanması ateşte olsa da adrenalin salgılanmasını tetikleyen tutkulu hal, yine sudur... Su elementi yüksekse arzuda ve tutkuda kalma süreci artar. Ancak su elementi azsa heyecan çabuk biter.

Bu yüzden suda kalmak önemlidir.

Su, her zaman iki şeyle ilgilidir. İkinci taraf ille de insan olmayabilir. Sen ve Kuran-ı Kerim arasında olabilir mesela. Sen ve yazdığın kitap arasında olabilir, çocuğunla sen arasında olabilir. Her zaman iki şey arasındadır su. Çünkü anlamaya yöneliktir. Ortada anlam bekleyen bir konu olmalıdır. Sen ve sen arasında da olabilir anlama ve derinleşme. Kendini anlamaya da çalışabilirsin. Karşında anlaşılacak bir şey olması lazım ki suyla birlikte idrak mekanizması çalışsın. Su idrak getirir.

Suda olmak derin düşünme halidir. Bir konuyu hatırlayıp üzerine düşünmek, onu izlemektir. Deneyimleri anlamlandırmak, deneyimleri tamamlamaktır.

Travmalar su elementinde depolanır. Kişi yaşadığı ama anlamlandıramadığı deneyimleri "travma" olarak kodlar. Anlayacağı, idrak edeceği güne kadar onu saklar. Ne zaman ki zekâ yükselir ve kişi su elementinde duygularında değil, zekâsında kalmayı başarır, işte o zaman travmalar da görülmeye hazır hale gelir. Bu yüzden bu tarz deneyimlenmiş şeylerin şifalandırılması için yapılan çalışmalarda kişinin hava elementinin çok iyi çalışıyor olması gerekir. Ne de olsa olanların içini görebilmek ve anlayış getirebilmek hava elementiyle gelen rasyonel düşüncenin sonucudur.

Yeri gelmişken uygulaması kolay ama bir o kadar da etkili bir egzersiz vermek isterim. Bu egzersiz su elementinde takılıp kalan, tamamlanmamış deneyimlerin çözülmesi içindir.

Uygulama

Bu bir yoga çalışmasıdır. Ancak günümüzde psikologlar da bu ve benzeri teknikleri yoga çalışmalarının sonuçlarının etkili olmasından dolayı kullanmaya başladılar.

Rahat bir pozisyonda yere, bir minderin üzerine otur. Sırtının dik olduğundan emin ol. Yere oturmak senin için mümkün değilse veya çok zor geliyorsa bir koltuğa sırtını dayamadan da oturabilirsin. Gözlerini kapat.

Sonra burnundan derin nefesler alıp vermeye başla. Giderek daha uzun nefesler al ve nefesini derinleştir. Nefesini birkaç saniye içeride tutmaya başla. Mümkün oldukça da yavaş ver. Nefesi boşalttıktan sonra birkaç saniye dışarıda da tut ve birkaç kez tekrarla.

Hava elementini tetiklediğimize ve zihni dengelediğimize göre şimdi çalışmaya geçebiliriz.

Üzerinde durup düşünmek zorunda hissettiğin seni derinden etkileyen veya sende iz bırakan bir konuyu hatırla. Bu olayı gözünün önünde canlandırıp, televizyonda izler gibi izlemeye başla. Yaşanan olay, hatırladığın kadarıyla gözünün önünde oynamaya devam etsin. Müdahale etme, yargılama, yaşananla ilgili yorumlar yapma. Sadece şahitlik et.

Olanları baştan sona bir süre izledikten sonra bu olayı bir fotoğraf karesine dönüştür. Olayın bir fotoğrafını çek ve iyice bak. Sonra hayalinde bu fotoğraf karesini cebine koy. Artık bu olay göründü, görünüyor ve görünmeye devam edecek. Daha fazla zihnin derinliklerinde bir yerde değil, gözünün önünde anlaşılmak için duruyor olacak. Tıpkı insanın çözemediği bir yapboz parçasına gidip gelip bakması gibi...

Derin birkaç nefes alarak çalışmayı tamamla.

Aynı şeyi şiddetine göre minimum 3 gün maksimum 7 gün sonra yeniden yapmak için buluşacağız. Ama öncesinde "şiddetine göre" ne demek onu açıklamak istiyorum.

İzlediğin görüntü sana ağır geldiyse, seni psikolojik olarak çok zorladıysa ikinci çalışma için arayı 7 güne kadar uzatabilirsin. Eğer izlediğin görüntü seni çok zorlamıyorsa 3 gün sonra yeniden çalışmayı uygulamaya geçebilirsin.

Gelelim çalışmanın devamına.

Yeniden minderinin üzerine gelerek dik bir şekilde otur ve aynı şekilde başlangıç aşamasında dikkatini nefese vererek hava elementini aktive et ve zihni dengele. Hazır olduğunda cebinden fotoğraf karesini çıkar ve bakmaya başla. Yine izleyici olduğunu unutma. Bu sefer beraberinde çıkan duygularının, tepkilerinin, beklentilerinin farkında ol. Hangi hislerle bu fotoğrafa baktığını gözlemle. Kendini yargılama, haklı veya haksız arama. Sadece izle. Yaklaşık olarak 5-10 dakika bu kareyi izledikten sonra yeniden cebine koy ve çalışmayı derin birkaç nefes alıp vererek tamamla.

Cebindeki fotoğrafa baktığında hiçbir şey hissetmeyene kadar, hiçbir duygu oluşmayana kadar uygulamaya devam et. Belki 5 kere, belki 8 kere bu fotoğraf karesini izledikten sonra zihninde anlam kazanacaktır. Yani bu deneyim yeterince görüldüğünde ve hakkı verildiğinde, artık bir sorun olarak zihninde yer tutmamayı bırakacaktır.

Konunun üzerinde sistemli şekilde, içeride kaybolmadan izlediğinde, tefekkür ettiğinde çözümleri kendi kendine bulacaksın.

Peki bu çalışmayı neden yapıyoruz sence?

Hayatımızda birçok deneyim yarım kalıyor. Neden yaşadığımızı anlamadan smritilerde (hafızada) kodlanıyor. Olaylar hayatımızda anlamlandırılamadığında yer kaplamaya devam eder. Tıpkı bir bilgisayarda ayın anda yüzlerce program çalıştırmak gibi. İşimize artık yaramayan programların açık kalması bilgisayarın performansını nasıl düşürüyorsa bu deneyimler de anın kalitesini düşürür. Bu tarz çalışmalar zihin alanında oluşan yüklerin boşaltılmasını, böylelikle "an"da kalmak için kapasitemizin artmasını sağlar.

***

Pişmanlık ve suçluluk duygusu da suyla ilgilidir. Su elementi duyguların en fazla toplandığı alandır. İdrakin ve analizin alanı...

Bir şey yaptığında eğer yeterli çabayı göstermediysen, elinden geleni yapmadığına inanıyorsan zihinde suçluluk ortaya çıkar.

Mesela arkadaşına kahve ikram ettin ama "Aslında daha iyi bir kahve yapabilirdim..." diye düşünüyorsun. Oysa yapabileceğinin en iyisi buydu zaten. Daha iyi bir kahve yapma yetisi yok içinde. Buna rağmen suçluluk hissediyorsun...

Çünkü burada suçlu hissetmene neden olan şey kahve değil, asıl soruna ulaşamıyorsun.

Sorun kahvede değil, manada... Tadına odaklandığın için asıl sorunu ıskalıyorsun, bu yüzden suçluluk duyuyorsun.

Elinden geleni yapamadığın için değil, elinden gelen şeyin tadının başka olması gerektiğini zannettiğin için...

Oysa kahveni hangi fincanda getirdiğin, yanında ne konuştuğun, verirken arkadaşınla nasıl iletişim kurduğun önemli... Bunların hepsinin toplamı aslında senin için ama sen sadece kahvenin tadına dikkatini verdiğin için su elementin yükseliyor ve sana diyor ki: "Dön ve duruma bak... Sen orada bir şeyleri eksik yaptın. Tadına takıldın ve bir şeyler tam olmadı, ıskaladın. Sen kahvenin tadı kötü oldu arkadaşım da beğenmedi diye düşünüyorsun ama o sadece kahvenin tadıyla değil, kahvenin yanındaki sohbetinle, duruşunla, varlığınla ilgileniyor..."

Suçluluk duygusu, takıldığın şeyden başka bir sorun var demektir...

Diyelim ki su elementin yükseldi ve ortamda su arttı... Elinde artmaya başladıysa, ellerin terliyorsa o sırada yaptığın işte bir şey kaçırıyorsundur.

Dirseğinde artıyorsa niyetinden sapmışsındır. Mesela niyetin annenle pişireceğin kekin tarifiyle ilgili konuşmakken sen mutfağın tadilat ihtiyacına takılıp niyetini kaçırdın. Yanlış niyete gitmeye başladım. Amacınız kek pişirmekken, mutfağı nasıl yenileriz sorununa dönüştü.

Su yüzünde artıyorsa suçluluğun sebebi birine bir şeyler söylerken onu kabul etmemeye başlamanla ilgilidir. Örneğin suçluluk, az önceki kahve ikramı örneğinden devam edecek olursak, arkadaşına içinden "Sana kahve ikram ettim ama burada olmanı istemiyorum..." dediğin içindir.

Aşırı terleme su elementinin yüksekliğinden gelir. Su elementi yükseliyorsa o konunun içine aslında daha çok girmek istiyorsundur, daha idrakine varmaya yöneliksindir. Toprak onunla vakit geçirmekken, su onu anlamayı istemekle ilgilidir.

Mesela sevgilin gidecek ama sen onun bir gün daha kalmasını istiyorsun çünkü idrak edemedin, onu yaşayamadın. İkinci gün su elementin doydu ve sen "Keşke gitse, bir gün daha kalmasa..." dedin. Hatta "Keşke dün gitseydi, hiç kalmasaydı..." dedin.

Burada pişmanlık ve suçluluk hissi başladıysa, bu hisler sana aslında tam olarak şunu söylüyordur:

"Dün bir şeyler idrak edildi ama sen arzundan dolayı o idraki görmeyi reddettin, arzundan dolayı onun bir gün daha kalmasını istedin, idraki ıskaladın."

Su göğüste oluşuyorsa, göğüs bölgesi aşırı terliyorsa bu hava elementiyle ilgilidir. Karşı taraftan hoşlanma/hoşlanmama, memnuniyet/memnuniyetsizlik hallerinin yoğunluğunu gösterir. Yani suyun idrakinin gerçekleşmesi için havayı tetiklediğini bize gösterir.

▽ **Su elementini dengelemek:** Su elementi yine suyla dengelenir. Suyu en iyi dengeleyen çalışmalar meditasyonlardır. Kişinin üzerinde tefekkür ettiği şeylerdir. Eski yazıtlar ve kutsal metinler üzerinde çalışmak, dua etmek, duayı dinlemek gibi...

Ayrıca fiziksel olarak da dönerek yaptığımız burgu hareketleri sağa sola dönme egzersizleri ve kalça esnetme hareketleri de aynı şekilde işe yarar.

Dans da suyu dengelemekte çok etkilidir. İki kişiyle yapılan hareketler, karşılıklı temas halinde ve akış içinde olmak...

Klasik müzik gibi derin müzikleri de su elementinin dengelenmesi için kullanırız.

Suyu dengelemek için zikir veya tekrar yapmak gayet etkili bir metottur. Kendine tekrarlayacak bir zikir, dua, söz ya da mantra bulamıyorsan ihtiyacını karşılayan güzel bir yazıyı da her gün okumaya devam edebilirsin; ya da her sabah durup beş dakika boyunca şu tefekkürü yapabilirsin:

Rahat bir yere oturup, sırtını bir yere dayamadan ama dik tutarak gözlerini kapayabilir ve burnundan birkaç derin nefes alıp vererek başlayabilirsin. Sonra kendine şu soruyu sorabilirsin:

"Şu an ne yapıyorum? Kim bu uyanan kişi?"

Cevap bekleme. Cevap aradığın için değil, sadece düşünmek için orada olduğunu unutma.

Terlemek, sivilce çıkması, sürekli bacak bacak üzerine atarak oturmak, küçük tuvalete çıkmak, azıcık bir sesle bile ritim tutmak ya da sallanarak ritme eşlik etmek, bedeni sağa sola döndürerek gerinmek, yüksek suyun dengelenmesi için bedenin kendi kendine uyguladığı yöntemlerdir.

Su düşük olduğunda sürekli sıvı tüketme ihtiyacı doğar. Bir noktaya dalıp gitmek, etraftaki insanlara temas etmek, anlamlı anlamsız her şeyi okumaya çalışmak, bacak bacak üzerine atarak oturmak, bedeni sağa sola döndürerek esnetmek gibi eğilimler gözlenir.

▽ **İlişkilerde su elementi:** Su elementi ilişkilerin efendisidir demiştik değil mi? Su elementi doğası gereği ilişki kurmak arayışındadır her zaman. Nesnelerle, insanlarla ya da kendiyle...

Arzu ve şehvetin yükselmesi, su ihtiyacından doğar ki burada su elementi yükselmeye çalışıyor demektir.

Bir şeye karşı arzu duyduğunda o şeyle ilişki kurman gerektiği anlamını çıkarabilirsin. İlişki kuracağın şey ya da kişi varlık içindeki titreşimini yeniden yapılandırır, tıpkı senin de onunkini yapılandıracağın gibi... Tıpkı şırıl şırıl akan bir nehirle denizin buluşması gibi...

İlişkilerin şekillendiricisi su elementi yoğun olan insanlardır. Su elementi kimde daha yoğun çalışıyorsa o kişi diğerinin titreşimini her zaman tonlar. Karşısındaki kişi bu sayede farkında olmadan dönüşüm yaşar. Su onu dönüştürmeye çalıştığı için değil, ilişkide olduğu kişi onun titreşiminden etkilenerek dönüştüğü için.

İlişkide su elementi hep olayın derinini düşündürür, tarafları konunun derinlerine götürür. İşin kaynağına ve muhasebesine taşır, dibe indirir.

Buzdağının görünmeyen yüzüyle yüzleştirir. Neden-sonuç ilişkisini kurup büyük resmi görmeyi sağlar. Büyük resmi gördükçe kendinle ilgili daha çok şey bilmeye başlarsın.

"Su elementi üzerinde durmak, ortada sorun yokken sorun çıkarmaya çalışmak gibi değil mi? Her konuyu bu kadar kurcalamak gerekli mi?" diye sorabilirsin.

Ortada sence bir sorun yokken karşı taraftaki sorun çıkarmaya çalışıyorsa aslında seni düşündürmeye çalışıyordur, gözden kaçırdığın bir şeyler vardır.

Neyi gözden kaçırıyorsan ona bakmanı istiyordur. Üzerine düşünme kabiliyeti doğurur.

Tanıdığını zannettiğin an düşünmeyi bırakırsın.

Birini tanıdığını düşündüğün an, onu tanımayı bırakırsın.

Tanımayı bıraktığında artık o kişi senin için geçmişteki haliyle var olur. Oysa her insan her an değişir. Beyin yapımız her an yaşadığımız deneyimlerle yeniden şekillenir. Şu an bu sayfaya gelen sen ile kitabın ilk sayfasındaki sen bile aynı değil... Bu kadar değişken bir halin içinde kimseyi tanıdığımızı düşünemeyiz.

Bir insanı tanıdığımızı düşünmek, o insanı zamanın içine, onu tanıdığımızı düşündüğümüz ana hapsetmemizdir. Böylesi bir durumda su elementinin de çalışması baskılanır.

"Bu kim?" diye bakmıyorsundur karşındaki insana. Kendince bir cevabın vardır artık.

Su elementi, sürekli üzerinde düşündürüp tam olduğunu fark etmeni, şu anda, şimdide hiçbir eksiğin olmadığını idrak ettirerek dengeye gelmeni sağlar. Bir ilişkide dengesizlik varsa, "Ben senin kim olduğunu çok iyi biliyorum! Ben seni çok iyi tanırım!" tutumu varsa o ilişkide su elementi güçsüzdür. Ve yarım kalan hiçbir ilişki bitmez. Zihnin derinlerinde bir yerlerde ve hayatın içinde çalışmaya devam eder. Tamamlanmamış, huzura ermemiş ilişkilerdeki eski sevgililerin, eski arkadaşların hayatından öyle kolaylıkla çıkıp gitmezler, derinlerde bir yerlerde var olmaya devam ederler. Tıpkı tamamlanmamış her şey gibi.

▽ **Su ve ateşin ilişkisi:** Ateşin yüksek özgüveni ve "ben" deme becerisi, suyu cezp eder. Su "ben"i arar. Ama bu "ben" bildiği benlerin ötesinde daha derindeki benliktir.

Ateşin yüksek özgüveni ve "ben" deme becerisi suya başlangıçta çok çekici gelir bu yüzden. Lakin zamanla su ateşin egosundan kaynaklanan sürekli "ben" deme halini sığ bulmaya başlar.

Su kendini ifade ederken karmaşa yaşayabilir. Duygularına önem vermesinden dolayı, kelimelerin içinde kaybolabilir. Ateşse çok nettir. Dediği her şey açık ve bellidir. "Bir" derken ikiyi ima etmez. Su bu bakımdan da ateşten ilham alır.

Ateşin güçlü tutumu, suyu güvende hissettirir. Ateş yüksek olduğunda gelen baskıcı hal, suyun aradığı tarzda bir meydan okumadır. Su kendini ortaya koyabilmek ve duygularını açığa çıkarmak için kendine bir fırsat bulur böylece.

Ayrıca su, gelgitleri sever. Ateşle ilişkisinde yaşadığı gelgitler ona iyi gelir.

Lakin ateş düşükse, suyun bulabileceği pek fazla bir şey yoktur. Ateş kendini ortaya koyamadığında, su ateşin pasifliğinden dolayı ilişkiden soğur.

Su düşükse eğer, ateşin himayesinde ve güveninde olmaktan hoşlanır. Kendini ait hissedebileceği bir liman gibidir ateş. Aynı zamanda kendini ifade etmesini de kolaylaştırır. Ateş bir nevi düşük suyun dili olur.

▽ **Su ve toprağın ilişkisi:** Toprağın ilişkiye karşı çabası ve saygısı su açısından çok değerlidir. Su her ne kadar bu tutumunu duygusal yapısından, toprak da devamlılık ve sabitlik isteğinden yapsa da ortak bir amaçta buluşurlar.

Toprağın sürekli bedende olma hali suya her zaman iyi gelmez. Su bedenine değer verir, ama onun için zihinsel alan bedenden daha öncelikldir. Suyun sürekli duygularının peşinden koşması, toprağın somutluğuyla son bulur. Bu ilişki su açısından dengeleyici bir ilişkidir. Suyun sürekli düşünen yapısı toprak sayesinde sakinleşebilir.

Toprak düşükse somutluk oluşmaz ve duygusal çatışmalar ortaya çıkar. Hatta iki taraf da depresifleşir. Toprak, suyun duygularına cevap veremediğinde suyu topraklayamaz ve ikisi de heyecan aramayı bırakır.

Toprağın yüksek çalışması ise suya karşı sürekli "Tamam, tamam, evet, öyle... Eminim çok üzülmüşsündür, tamam uzatma!" tavrıyla yaklaşmasına neden olur. Yüksek toprak, suyun duygularını göremediği gibi geçiştirir de. Böylesi bir ilişki su açısından yıpratıcı olur.

▽ **Su ve havanın ilişkisi:** Su, havayı tam anlamıyla göremez. Tabir yerinde olacaksa, hava her zaman suyun arkasında kalır. Havanın analitik yapısı, suyun manevi ve duygusal yapısıyla örtüşmez.

Su, havanın dediklerini duyamaz. İkisinin de olaylara yaklaşımı birbirinden farklıdır.

"Benim bahsettiğim şey bu değil. Ben ne konuşuyorum sen ne konuşuyorsun?" diyaloğu fazlasıyla bir havayla bir su arasında yaşanır.

Lakin hava çok dengeli ve yoğunsa, suyun manevi yanına ayak uydurabilir. Zekâsı görünenle görünmeyeni kolaylıkla bir araya getirebilir. Böylece hem suyun ilgilendiği görünmeyen dünyaya eşlik eder hem de kendi doğal yapısının getirdiği görünen dünyaya uyum sağlar Hatta havanın bu tavrı su açısından hayranlık uyandırıcı bile olur. Suyun titreşimi yükselir. İşte buna tam bir hava desteği denir.

Havası yüksek olanlar, suyun derinliklerini yüzeye çekmeye çalışırlar. Suyun kurduğu hayallere mantıklı yaklaşımlar getirirler ki su maalesef derinliğinin tadını çıkaramaz. Hatta havası yüksek olanlar suyun peşinden koştuğu hayallere destek olmak yerine, gerçekçi yaklaşımlar sergileyerek olanı olduğu gibi ifade ederler ve can acıtıcı bile olabilirler.

Oysa su için bir hayalin peşinden koşmanın tek amacı o hayali gerçekleştirmek değildir. Su hayale giden yolu ve süreci de deneyimlemek ister. Havanın analitik tutumu, su açısından yorucu bir iletişime neden olur.

Havanın düşük olması, suyla yaşanacak ilişkiyi kolaylaştırsa da, su yine de aradığı iletişimi bulamamış olacaktır. Suyun derinlik arayışı hava tarafından karşılanamayacaktır.

Su ikili ilişkilerin kaynağıdır, uzmanıdır. Her koşulda her elementle ilişki kurabilir ama aradığı derinliğe ulaşamadığında, onun için her şey yüzeyde ya da sığ kalacaktır.

Su havayla ilişki kurmayı ne kadar sevse de, yoğun çalışmadığı sürece içeriye almayı tercih etmeyebilir.

▽ **Su ve suyun ilişkisi:** Birbirlerini görür görmez etkilenirler ve sıkıca tutunurlar. Onların her zaman paylaşacak bir şeyleri vardır. Her şey biter, ama iki suyun paylaşacakları bitmez.

Birlikte dünyanın derinliklerini keşfedebilirler veya Ay'ın yüzeyinde gezinebilirler. İlişkinin ve birlikteliklerinin sınırlarına kendileri karar verirler. Böylece onların ilişkisi kolay kolay bitmez. Çünkü ikisi de ilişkiyi hem bir arada tutan hem de dengeleyen roldedirler.

Sulardan biri yüksekse, ilişkide fazla duygusallık söz konusu olabilir ve sıkça gelgitler yaşanabilir.

Sulardan biri düşükse ilişkide pek sorun çıkmaz. Ne de olsa diğer su dengeleyici ve bir arada tutucu özelliğiyle ilişkiyi korur.

▽ **İş hayatında su elementi:** Hayal gücü isteyen işleri severler. Yardım edebilecekleri ortamlar çalışma yeteneklerini ortaya koymalarını sağlar. Maddi kazançtan daha büyük öncelikleri olduğundan yaptıkları işlere yaklaşımları daha derindir. Su elementi yoğun kişiler yaptıkları işleri özveriyle büyütürler. Yaptıkları işi ya tam yaparlar ya hiç yapmazlar. Bu yüzden su elementi yoğun kişilerle çalışmak hem çok avantajlı hem de dezavantajlı olabilir.

Su elementi yoğun olan insanlar psikolog, doktor, hemşire, psikanalist, hipnoterapist, dansçı, ressam, kaptan, kütüphaneci, antikacı, müzeci, şair, masal anlatıcısı, astrolog ya da dedektif olabilirler.

Su elementi insanları manevi yönlerinden dolayı sezgisel yetenekleri yüksek insanlardır. Görünmeyen şeyleri görme yetenekleri her boyutta çalışır. Dünya dışı veya ölüm ötesi gibi metafizik konulara karşı doğal bir anlayışları ve merakları vardır. Bu yüzden dinlerle ilgili, falcılığa ve medyumluğa yeteneklidirler. Dolayısıyla din adamı, keşiş, rahip ya da rahibe de olabilirler.

▽ **Toplum içinde su elementi:** Su elementi yoğun olanlar toplumun aydınlanmasında emek sahibi olurlar. Toplumu derin bir yapılandırmaya yönlendirirler, birlik ve anlayış algısı uyandırırlar. Su elementi yoğun olanlar, toplumun şifacılarıdır aynı zamanda. Yoğun bir enerji akışına sahiptirler ve etraflarındaki herkesi istemeden de olsa kendilerine doğru çekerek enerji alışverişine girerler.

Su elementi yoğun olanlar toplum içinde varlık göstermektense kendi alanında olmayı tercih ederler. Su elementinin derdi kalabalıklar değildir. Yoğun enerji alışverişi onları fazla yoracağı için kendi alanlarını korumaya çalışırlar.

Su elementi düşük olanlar enerjisi kendilerininkine benzeyen insanlarla bir arada olmayı tercih ederler. Çünkü akort etmekten çok akort olma eğilimleri vardır. "Üzüm üzüme baka baka kararır..." sözü suyu düşük olanlarda fazlasıyla vuku bulur. Bunu bilerek genelde kendi ortamlarında kalmayı tercih ederler.

Su elementi duygusal yapısından ve tamamlanma arayışından ötürü toplum içinde farkında olarak ya da olmadan daha önce söz ettiğim gibi şifacı rolünü üstlenirler. Bazen söylediği bir sözle bazen bir tavırla şifacılıkları ortaya çıkar. Teması severler. Çünkü su elementi kendi gibi olan diğer şeyleri de çeker. Bu çekim o kadar güçlüdür ki bedensel temas bir şekilde ortaya çıkar. El ele tutuşur, elini yakınındakinin omzuna, sırtına veya bacağına koyar, saçlarıyla oynar...

Bir toplumda su elementi yoğun insanlar ne kadar çoksa, orada yüksek derecede bir aydınlanma söz konusudur. Çünkü su elementi, yapısı gereği büyük resme, asıl olana, görülmeyene taşır toplumu. Algıyı her zaman çok daha yükseğe çeker.

Su elementi her ne kadar enerjisi kendininki gibi olan insanlarla bir arada kalma eğilimi gösterse de, su elementi yüksek olanlarda durum daha farklıdır.

Su elementi yüksek olanlar, toplumu değiştirmeye çalışır. Toplum için bir şeyler yaparak sistemi iyileştirebileceklerine inanırlar.

▽ **Cinsellikte su elementi:** Su elementi duygusal yapısından dolayı oldukça romantiktir. Cinsel ilişki su elementinin yapısından dolayı "bedensel temastan fazlası" olarak algılanır. Cinsellik, duygusal bir buluşma alanıdır.

Çiftlerin birbirini tamamladığı, ilişkideki her şeyin bedenler aracılığıyla konuşulduğu bir deneyimdir. Cinsel ilişki su elementinde bedensel bir eylemden çok, düşünsel ve duygusaldır. Gözler ister istemez kapanır. Sanki bedenin dışına çıkıp başka bir alanda partneriyle buluşur gibidirler. Cinsellik, onlar açısından büyük bir mana taşır.

İlişki sırasında ellerini, kollarını, bacaklarını pek kullanmazlar. Bedensel olarak yoğun bir hareket arayışı içinde değillerdir. Çünkü ilişkiyi zihinsel olarak çok farklı boyutlarda yaşıyorlardır.

Su elementi özellikle ilişkideki duygusal çatışmalardan sonra cinsellik yoluyla bu çatışmaları çözebileceğini düşünür. Bir tartışmanın ardından gelen sevişme, su elementi için barış dansıdır. Bu yüzden her zamankinden daha yoğun duygular hisseder.

Su elementi yoğun olan kişiler bu durumdan dolayı Brahmaçarya yani münzevi olmayı kolaylıkla seçebilirler. Cinsel ilişki onlar için kolaylıkla vazgeçilebilir bir şeydir. Çünkü daha derin bir arayış içerisindedirler. Ya da cinsel ilişkinin idraki ile bu konuda tamdırlar. İki bedenin birleşmesi onları artık başka bir noktaya taşımaz. Burada bahsettiğim şey doygunluk, tamlık halidir.

Su Elementini Dengeleme Egzersizleri

Anlatacağım ilk çalışma Prana Mudra su elementini dengelerken, aura olarak sıklıkla duyduğun enerji alanını da temizlemektedir. Üzerine aldığın enerjileri, nazarı, büyüyü ve farkında olmadan maruz kaldığın yükleri temizlemene yardımcı olur. Alanının temizlenmesi sayesinde, tefekkür kabiliyetin yükselir.

Prana Mudra

▽ ***Prana Mudra (Enerjinin Duası)***

Kalçanın altına bir minder koyarak rahat bir meditasyon duruşu alabilirsin. Eller dizlerin üzerinde olsun. Burundan derin nefes alıp vererek önce zihni rahatlat. Daha önce anlattığım Moola Bandha'yı birkaç kez uygula. Moola Bandha'yı her bırakışında karnını tamamen nefesle doldur. Prana'yı (enerjiyi) bu bölgedeki havayı hissederek algılamaya, tanımaya çalış.

Şimdi burundan derin bir nefes alırken, nefesin vücuda doluşuyla eşzamanlı olarak ellerini iki yandan avuç içlerin yukarı bakacak şekilde yavaşça kaldır ve köprücükkemiğinin hizasına getir. Bu noktaya geldiğinde bedeni nefesle tamamen doldurmuş ol ve bu noktada kol altın 90 derecelik bir açı yapsın, yani dirsekler iki yanda omuz hizasında olsun.

Nefesi bu pozisyonda birkaç saniye içeride tut.

Nefesini yavaşça verirken avuç içlerini yere doğru ağır ağır çevirerek elleri yukarı ve yanlara doğru aç. Nefesi tamamen boşalttığında ellerinde büyük bir top tutuyormuş gibi kolların geniş bir pozisyonda olsun.

Nefesi bu pozisyonda birkaç saniye dışarıda tut.

Yeniden nefes alırken avuç içlerin yere bakacak şekilde ellerini yavaşça yeniden köprücükkemiğine doğru bir önceki pozisyona taşı.

Nefesini bu pozisyonda birkaç saniye içeride tut.

Nefesi verirken avuç içlerini yukarı döndürerek yavaşça iki yandan elleri yeniden dizlerin üzerine getir.

Sonra nefesini bu pozisyonda da birkaç saniye dışarıda tut.

Ve harekete baştan devam et.

Bu çalışmayı önceleri sadece 6 dakika uygulamanı öneririm, zamanla 30 dakikaya kadar çıkarabilirsin.

Faydası: Kozmik kaynağın, Prana'nın (enerjinin) farkına varılmasını sağlar. Enerji alanını temizler. Üzerindeki gereksiz enerjilerin dağılmasını ve ihtiyacın olan enerjiye yer açılmasını sağlar. Maddeyle ilişkini hakiki boyuta taşır.

Asana Pratiği

▽ *1. Tadasana*

Tadasana'da kalarak 6 nefes çalışabilirsin. *(Bu egzersizi ateş elementi egzersizleri kapsamında detaylı şekilde anlatmıştım.)*

Namaskarasana

▽ *2. Namaskarasana*

Tadasana'ya geçerek başlayabilirsin. Ayaklarını omuz genişliğinde aç ve ayaklarını 45 derece kadar yanlara çevir. Nefesini verirken yere doğru çömelerek kalçanı topuklarına yaklaştır. Çömelirken dizlerinin ayak parmak uçlarını geçmemesine dikkat et. Çömeldikten sonra da dizlerin ayak parmak uçlarını geçmemeli. Boynundan havaya doğru uzarken kalçandan da yere doğru uzayarak omurganı uzat. Omuzlarını hafifçe aşağı doğru bastırarak rahatlat. Ellerini göğüskafesinin önünde dua eder pozisyona getir ve dirseklerinle dizlerini yanlara doğru iterek bacaklarındaki ve kalçandaki esnemeyi artır. Esnekliğin yetmiyor ve topukların yere değmiyorsa, topuklarının altına destek olması için havlu koyabilirsin. Bakışların karşıda olsun. Duruşu 10 nefes tuttuktan sonra hareketten yavaşça çıkabilirsin.

Faydaları: Ayak bileklerini, kasıkları, alt bacakları ve gövdenin arka kısmını esnetir. Kalça kemiğinin altında kalan kasları ve karın kaslarını kuvvetlendirir. Zihinsel rahatlama getirir ve yaşanılmış deneyimlerden özgürleşme sürecini hızlandırır.

Parivrtta Parşvakonasana

▽ *3. Parivrtta Parşvakonasana*

Tadasana'ya gel. Sol adımınla ayaklar kalça genişliğinde olacak şekilde geriye uzun bir adım at ve sağ dizini bükerek 90 derecelik bir açıya getir. Sol ayak parmak ucuyla yeri iterken sol topuğu geriye doğru arka bacaklarını uzatmak için itiyor ol. Sağ ayak tabanınla da yeri aktif bir şekilde it. Göğüskafesini sağa doğru çevir ve sol elini yere koy. Kuyruksokumunu içeriye doğru uzatarak sırtını uzun tut ve karın kaslarını sıkarak aktif hale getir. Nefesini boşaltırken sol elinin yardımı ile yerden destek al ve göğsünü sağa daha çok çevirerek burguyu daha da derinleştir. Sağ kolunu tavana doğru uzatarak göğüskafesini genişlet. Hareket boyunca kalçanı yere doğru bastırarak bacak bölgesini güçlü tut. Bakışların sağ elde olsun. Duruşu 6 nefes tuttuktan sonra hareketi diğer taraf için uygulayabilirsin. Hareketi iki taraf için de 2 kez daha tekrar edebilirsin.

Faydaları: Kalça, bacak, diz ve ayak bileklerini kuvvetlendirir. Arka bacaklar, ayak bilekleri, bel, göğüs ve omurgayı esnetir. Karın boşluğundaki iç organları daha iyi çalıştırır. Boşaltım sistemini dengeler. Dayanıklılığı artırır. Deneyimlerin ifade ettiği noktaları görme yeteneğini geliştirir.

Ardha Matsyendrasana

▽ 4. Ardha Matsyendrasana

Ayakları öne uzatarak oturma kemiklerinin üzerine oturabilirsin. Sağ bacağını sol bacağının üzerine atarak, sağ ayağını sol üst bacağının yanına koy. Sol topuğunu da sağ kalçanın yanına çek (altına alma). Sağ kalçanı yere bastırarak havaya kalkmasını engelle. Esnekliğin sol topuğunu kalçanın yanına çekmene müsaade etmiyorsa bacağını uzun tut. Nefesini verirken karnını içeri çekerek, sol dirseğini, sağ dizinin dışına daya. Dirseğinden de destek alarak üst bedenini sağ tarafa doğru döndür ve sağ omzunun üzerinden arkaya bak. Sırtını dik, omuzlarını rahat tut. Sağ elini arkaya koy ve hem daha çok esnemek hem de sırtını dik tutmak için destek al. Tüm duruş boyunca iki kalçanın da üzerinde oturuyor olduğundan emin ol. Duruşu 10 nefes tuttuktan sonra hareketi diğer taraf için uygulayabilirsin. Hareketi iki taraf için de 2 kez daha tekrar edebilirsin.

Faydaları: Omurgayı ve kalçayı esnetir. Sindirim ve boşaltım sistemini düzenler. Fiziksel rahatlama sağlar. Zihinsel gerginliği azaltır. Konuları ait olduğu zamanlarda ve alanlarda gerçekleştirme yeteneği kazandırır.

Setu Bandha Sarvangasana

▽ 5. *Setu Bandha Sarvangasana*

Sırtüstü yere uzan ve dizlerini bük, ayaklarını kalçana yakın bir yere kalça genişliğinde yerleştir. Karnını sık ve nefesini alırken ayak tabanlarınla yeri kuvvetlice iterek sırasıyla; kalçanı sıkarak kalçanı, yavaşça belini ve sonra sırasıyla boynuna kadar olan tüm omurlarını tek tek kontrollü bir şekilde yerden kaldır. Omuzların ve ensen rahat ve yerde dinleniyor olsun. Bakışlar yukarıda... Boynunu sağa sola döndürmekten kaçın. Ellerini sırtının altında kilitle ve kollarını gerdirerek yere bırak. İç bacak kaslarını aktif tutarak dizlerini sabitle. Duruşta 3 nefes kaldıktan sonra hareketten çıkarken; önce sırtından kalçana doğru tek tek omurlarını ve sonra kalçanı yavaşça yere koyarak hareketten çıkabilirsin. Hareketi 10 kez tekrarlayabilirsin.

Faydaları: Omurgayı, kalçayı ve bacak kaslarını kuvvetlendirir. Omuzları, kolları, göğsü ve omurgayı esnetir. Duruş bozukluklarını giderir. Tiroit bezini çalıştırır. Sindirim sistemini düzenler. Kişinin deneyimler içindeki rolünü görme becerisini artırır.

▽ **Lekhyagata Pratiği (Şekillerle İfade Çalışması):** Zihinde sıkışıp kalmış düşüncelerin, birikmiş niyetlerin, ortaya çıkarılamamış fikirlerin veya engellenmiş yaratıcılığın serbest bırakılması için bu çalışmayı yapabilirsin.

İnsan hayatında pek çok şeye niyet ediyor ama gerçekleştiremeyip bir köşeye de bırakıyor çoğu zaman. Yarım kalan her şey arka planda çalışmaya ve içeriden yormaya devam ediyor aslında. Su elementinin dikkati ve enerjisi, gerçekleşmemiş niyetlerle bölünüyor.

Bu çalışmanın amacı halihazırda yaratılmış düşünce kalıplarının (niyetler, fikirler, düşünceler) ifade bularak özgürleşmesidir.

Şekillerle ifade çalışmasını yedi gün boyunca aralıksız uygulamalısın. Yedi gün sonra yeniden çalışma yapmak istiyorsan eğer, mutlaka üç günlük ara vermeni öneririm ki zihnin serbest bırakmaya çalıştığı düşünce kalıbını teslim edebilsin.

En az 5 çeşit renkli kalem ve kâğıt al yanına. Aşağıdaki sembolleri kâğıdına çiz. Bu şekiller senin kelimelerin ve sadece bu kelimeleri kullanarak içinden geldiği gibi kendi kâğıdına çizerek boya. Şekilleri istediğin kombinasyonlarla kullanabilirsin. Her şekli veya rengi kullanmak zorunda da değilsin.

Renkler düşüncelerin geldiği alanı, duyguları ve tutumu ifade eder. Her renk su elementinde görülmemiş bir ifadeyi canlandırır. Şekillerse deneyimin gerçekleşmeyi beklediği veya gerçekleşmeye çalıştığı alanı anlatır.

Tıpkı resim çizer gibi, şiir yazar gibi içinden geldiğince kendini ifade et. Özgürce...

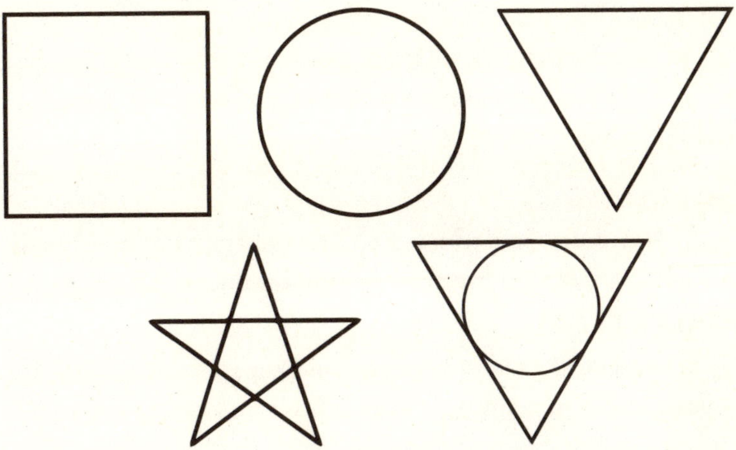

Artık çizeceğin bir çizgi ya da kullanacağın bir renk daha kalmadığında pratiği tamamlamışsın demektir. Çizmek ya da bir renk daha kullanmak istediğin sürece çizmeye ve kendini ifade etmeye devam edebilirsin.

Bu çalışmayla bilinçaltında, ifade görmemiş, belki bastırılmış deneyimleri ve düşünceleri ifade edecek ve bu sayede tamamlanmasını sağlayacaksın.

Yaptığın her çalışmadan sonra durup ortaya çıkan esere bir bak. Ortaya koyduğun ifadeyi kendin de net bir şekilde gör. Çalışma bittiğinde her çalışma kâğıdını yak, toprağa göm veya parçalayarak dönüştürücüye at. Hiçbir çalışmanı saklama... Bu çok önemli. Çünkü burada düşünce kalıplarına sahip çıkmayı değil, ifade yoluyla onları özgürleştirmeyi hedefliyoruz.

Elbette ilk çalışmada deneyimlerini ve düşüncelerini tamamen sonlandıramayabilirsin. Su elementi deneyimleri, düşünceleri yapısından dolayı sıkıca tutar. Su moleküllerinin birbirine sıkıca tutunmaları gibi düşünceler de bilinçaltında sıkıca tutulurlar. Bunlardan kurtulmak için çaba gerekir. Dolayısıyla bazen aynı düşünce kalıbı üzerinde 3-4 hafta boyunca bu çalışmayı uygulaman gerekebilir.

Bu uygulama bazen doğrudan çözüm getirebildiği gibi bazen hayatta bir eylem almana destek vererek seni tamamlanmaya ulaştırabilir.

▽ **Mandala Çalışması:** Renkleri kullanarak kendini ifade etmenin su elementi üzerinde etkisini bir önceki çalışmada yeterince ifade ettik.

Bu egzersizde Mandala'yı kendin çizmen sonucun etkisini artıracaktır. Ben senin için sadece boyama kısmını gerçekleştirerek kendini ifade edebileceğin birkaç mandala seçtim. Verdiklerimi boyadıktan sonra dilersen kendi Mandala'nı hazırlamanı ve boyamanı öneririm.

Mandala boyamak için en az 5 farklı renk seç. Seçtiğin renkler, elementlerle ilgili farklı bir ifadeyi ortaya koyacaktır. Su elementi de, bir arada tutma vazifesini farklı renkleri bir şeyin içinde toplayarak gerçekleştirecektir. Somutta olduğu gibi soyutta da renklerin taşıdığı manalar, muhakkak bir denge oluşturacaktır.

आकाश

AKAŞA

Akaşa, diğer 4 elemente hareket alanı sunduğu ve hafızayı oluşturduğu için, her elementin birlikte çalıştığı alandır. Bu yüzden Akaşa'yı diğer elementte yaptığım gibi hayatın içinde parçalara ayırmadan bütünsel işleyeceğim.

Boşluk dediğimiz şey Akaşa'dır. Akaşa duyguları içinde barındıran eter elementidir. Duygular Akaşa'ya kodlanırlar. Üstelik sadece duygular da değil, duyguların işaretlenmesi yoluyla zihnin tüm hafızası bu alana yani Akaşa'ya kodlanır. Smriti (hafıza) akaşik kayıtlarla ortaya çıkar.

Akaşa'nın bu özelliği insanın yaşlanmasını yani her yeni kayıtla nasıl görüneceğini belirler. Akaşa ne kadar hızlı dolarsa, insan ne çoklukla duygudan duyguya koşarsa o kadar hızlı yaşlanır, yani bedensel deformasyon ortaya çıkar. "Yüzümde yılların izi var..." diyen kimse şaka yapmıyordur aslında. Duygusuz, hatta tabiri caizse "gamsız" bir yaşam sürenlerde Akaşa öylesine yavaş dolar ki, bedensel deformasyon da o derece az görülür.

Duygusuz hayat sürmek, sadece duygularını kontrol edebilenler içindir diyemeyiz. İlerleyen sayfalarda paylaşacağım pratikleri uygulayarak sen de Akaşa'nı dolduran duyguları sıkça boşaltabilirsin.

Tüm duygular sevginin indirgenmiş formlarıdır ve her biri sevgiden daha tanınabilir kişisel bir işaretle bağ kurmak için oluşturulurlar. Aslında günümüz dilinde kullanılan "Seni hiç sevmiyorum..." sözü bir duygudur ve üstelik Akaşa'yı da dolduran bir duygudur. Sevginin çoğu veya azı olmaz. Sevgi, varlığı çok hissedilebilen, bazense varlığı seçilemeyen bir şeydir.

Oturduğun oda birden karardığında içinde bir şey her eşyanın yerini bilse de, karanlık belirsizlik getirir. İşte yoğun duyguların Akaşa'da birikmesi önünü görmeni engelleyerek belirsizlik, eksiklik ve azlık hissi verir.

Herkes ve her şeyle sevgi bağının aynı olması demek, her şeyin hayatında eşit yer kaplayacağı anlamına gelmez.

Yerçekimini düşün.

Hiçbir karma etkisi olmadığında yani somutta düşünürsek havası çekilmiş vakumlu bir ortamda on metre yükseklikten bıraktığımız bir kuş tüyüyle basketbol topu aynı sürede yere ulaşır. Biri diğerinden daha hızlı veya yavaş yere kavuşmaz. Çünkü bu hareketi etkileyen bir karma söz konusu değildir. Lakin normal şartlarda, on metre yükseklikten bıraktığımız bir kuş tüyüyle basketbol topu aynı sürede yere düşmez. Yerçekimi bu iki objeye aynı çekimi uygulasa da, bu objelerin varoluşsal şekilleri itibari ile ortama tutunma eğilimlerinin farklılığından dolayı aynı zamanda yerle buluşmazlar. İnsan da hayatındaki kişiler ve tüm objelerle aynı işleyişle ilişki kurar. İnsanın varoluşsal şekli ise karma (eylem) ile belirlenir.

Sen eğer bu hayatta ressamlığı deneyimleme yolculuğu içindeysen, tuvaller, boyalar, fırçalar senin yaşamında daha çok yer kaplıyordur.

Bir pasta ustasını deneyimliyorsan yaşamında fırın, un, şeker, vanilya, çikolata, yağ, kek kalıpları, pasta malzemeleri daha geniş bir alan tutuyordur.

Ressam tuvali kek kalıbından daha çok sevdiği için seçmez, tuvale çekilir. İnsanlar için de durum aynısıdır aslında.

Bazıları hayatımızda diğerlerine göre daha fazla tutar. Bazılarıysa neredeyse yok denecek kadar azdır. Birini daha çok seviyoruz, diğerini daha az gibi görünse de özünde yerçekiminin tüyle basketbol topu hikâyesindeki gibidir.

Şöyle hayal et lütfen: Bir odada sekiz arkadaş oturuyoruz. Her birimizin odada kapladığı bir alan var değil mi? Peki... Yedi arkadaşı odadan çıkartıp yerine bir tane fil aldık diyelim. Bir tane fil, yedi kişinin yerini kaplıyordur artık. Sadece bir fil ama yedi kişilik yer kaplıyor. Üstelik yedi kişinin çekeceği ilginin hepsini hatta belki daha da fazlasını tek başına çekiyor. Çünkü ağırlığı hepimizinkinden fazla...

Tıpkı bunun gibi, bazı insanlar hayatımızda fil gibi yer tutarlar ve onlarla daha çok vakit geçiririz. Bazılarıysa daha az yer kaplarlar.

Kişinin kapladığı alan çoksa, burada sevgi bağı daha yoğun olduğu için sevgiyi deneyimlemek veya hissetmek daha kolay gerçekleşir. Ama söz konusu bu yoğunluk "daha çok sevgi" anlamına gelmez tabii ki.

Mesela bir arkadaşına bakmakla, bir file bakmak arasında sadece görüş farkı vardır değil mi? Aynı mesafedeki file bakmak için görüş açını genişletmen gerekir. İşte tıpkı bunun gibi bir yoğunluktan söz ediyorum. Aranda karmik olarak daha yoğun bir bağ olan kişileri daha farklı açılardan görüp, deneyimlemek için kurulan ilişki, bu şekilde daha yoğun gerçekleşir.

Elbette şunu da iyi anlamak gerekir: Hayatında fil kadar geniş bir yer kaplayan "şey"le sen hoşluk duygularıyla ilişki kuramasan bile, o "şey" hayatında aynı yeri kaplamaya devam eder. Aradaki sevgi saf halde olmadığında veya hoş duygularla dolmadığında, fille olan ilişkin keyifle deneyimlenemez.

Şunu hiç unutma:

Sevgi, duyguların temizlendiği yani duyguların Akaşa'yı kaplamadığı anda tüm coşkusuyla deneyimlenir. Bu yüzden Akaşa her zaman boş tutulmalı ve kayıtlar temizlenmelidir.

Konuyla ilgili çalışmaları ilerleyen sayfalarda paylaşıyor olacağım.

Aramıza giren mesafeler...

Akaşa duygularla doldurulduğunda, iletişime girdiğin "şeyler"le ve insanlarla arana mesafe girer. Aranızdaki mesafenin sebebi, Akaşa'nın, yani boşluğun duygularla çoktan dolmuş olmasıdır.

Duygularından dolayı iletişime girdiğin "şeyler"e ve kişilere ulaşamaz olursun. Onlara yaklaşacak yer kalmadığından, doğal olarak uzaklaşma hali oluşur.

Bomboş bir salonda olduğunu düşün. İki kişisiniz... Birbirinizi görmeniz ve iletişim kurmanız için hiçbir engel yok. Ama dolaplar, perdeler, eşyalar salona tıka basa doldurulduğunda hareket edecek yer bile kalmaz olur. Salon bir depoya dönüşür ve ikiniz artık birbirinizi göremez olursunuz. İletişim kurma imkânınız artık yoktur.

İşte Akaşa'nın prensibi de budur. Salonu tıka basa dolduran eşyalarsa duygularındır.

Sevgi bir eylem değil, eylemsizliktir.

Akaşa'yı Temizlemek

Akaşik kayıt bütün zamanın bilgisini taşır. Üzerinde duygu olmadığı sürece taşınan hafıza kimse için yük değildir.

Akaşa'da yer açmanın tek yolu tabii ki onun en belirgin niteliğini kullanmaktır, yani yine sesle çalışmaktır.

Akaşa'yı temizlemek için konuşmak, ses çıkarmak gerekir. Ancak konuşurken dikkat edilmesi gereken bir nokta var tabii ki. Her ne konu üzerinde konuşularak alan açılacaksa kesinlikle aklı, düşünceyi ve ayırt etme kabiliyetini kaybetmemek gerekir. Bunları kaybettiğin an anlattığın şey sana zarar vermeye başlayabilir.

Mesela dışarıda arkadaşlarınla kavga ettin ve eve dönüp o öfkeyle kardeşine anlatmaya başladın. Ne var ki bu sırada aklını kullanamıyorsun çünkü çok öfkelisin ve arkadaşların hakkında kötü konuşmaya başlıyorsun, ayırt etme kabiliyetini kaybettiğin için iyi düşünemiyorsun. Oysa aradan üç gün geçmiş olsaydı konuşmaya başlamak için bunları hiç söylemiyor olacaktın.

Bu durumdaki doğru tepki ne olurdu o zaman?

Durup ayırt etmeye başlamak olurdu tabii ki. Bunun için sana bir nefes egzersizi de vereceğim.

Duygu bedende oluştuktan sonra nefesi sakinleştirmeye başlarsan, ilk 90 saniyede duygu nötrlenir. Sakinleştirmeye devam ettiğinde 360'ıncı saniyede duygun geri çekilerek yerini elemente bırakmış olur.

Kısacası bir duygu ortaya çıktıktan sonra ona karşı tepki vermeyi bıraktıktan 360 saniye sonra tamamen geldiği alana geri çekilir.

***

Öğrencilerimle yağmur ormanlarını gezerken devasa ağaçları kuşatarak deviren büyük sarmaşıklar gördük.

Öğrencilerimden biri "Yazık oluyor ağaçlara..." dedi. "Bu dev sarmaşıkları öldürmenin bir yolu yok mu acaba?"

"Ağaçların altına ve gölgesinin kapladığı yerlere bir bak bakalım..." dedim "Ne görüyorsun?"

"Biraz ot ve toprak..." dedi etrafına bakınarak.

"Peki orman nasıl görünüyor?" diye sorduğumda yüzü aydınlandı.

"Büyüleyici!" diye karşılık verdi.

"İşte tam da bu yüzden ağaçların bu dev sarmaşıklar tarafından yıkılmaları gerekiyor..." dedim. "Ormanın büyüleyiciliğine devam edebilmesi için gölgesinde kalan tohumların yeşermesi lazım. Ormandaki canlılığın devam edebilmesi, yeniye yer açılmasıyla mümkün. Yer bulamadığında, tohum filizlenemez."

Öğrencim, ormanın varlığı için sadece ağaçlara ihtiyaç olduğunu düşünüyor, ağaçlar dışındaki bitki canlılığının onlara zarar verdiğine inanıyordu. Oysa büyük resimde, işler hiç de öyle değil...

Dev sarmaşıkları, zihninde yeni yerler açan egzersizlerimiz gibi düşün. Halihazırda yer kaplayan ve Akaşa'yı dolduran bilgilerden temizlenerek, yaşamının sürekliliğine yer açmak için ihtiyacın olan dev sarmaşıklardan söz edeceğim şimdi sana.

Dil Temizliği

Herkesin hikâyesinde kelimelerin farklı manaları vardır. Konuşurken kullandığın sözler, daha önce bu kelimelerle ilgili edindiğin deneyimlerinden dolayı farklı anlamlar ve hisler uyandırır.

Önemli olan kelimeleri birincil anlamları üzerinden çalışmaktır.

Kelimeler "mukhya" ve "amukhya" anlamlarıyla var olurlar. Yani ifade ettikleri asıl anlam ve üzerlerine yerleştirilmiş asıl olmayan anlamlar...

Kelimeler asıl anlamlarıyla yani "mukhya" haliyle sarf edilmelidir ki Akaşa temiz tutulabilsin.

Örneğin "geri zekâlı" sözünü kullandığında sahiden de bir zekâ geriliği durumundan söz ediyorsundur. Ancak bu sözü arkadaşlarınla eğlenirken birine şaka diye de sarf edebilirsin ki böylece Akaşa alanını kirletmiş olursun. Çünkü bu sözü söylediğin kişi zekâ geriliği yaşayan biri değilse artık Akaşa'da bu kod onun geri zekâlı olmasıyla buluşacağı alana saklanır.

Bu yüzden "Her şakanın içinde gerçek payı var..." denir. Söz şaka olarak ağızdan çıktıysa bile, gerçek olacağı o anı Akaşa içinde bekler.

Akaşa'yı boş tutabilmek, hayatımızda olana yer açabilmek için, çıkardığımız her sesin farkında olmalı ve ihtiyacımız olmayanı, gerçeği ifade etmeyen sesleri çıkarmamalıyız.

Olmasını istemediğimiz bir şeyi iyi veya kötü haliyle dahi seslendirmemeliyiz. "İnşallah bugün beni işten çıkarmazlar!" demek bile bu konunun hayatında yer almasına ve bu konuyla karşılaşmana neden olur. İşten çıkarılmak istemiyorsan bu konuyu dilinden dışarı dökme bile.

"Hayır" Diyebilmek

Bu egzersizlerle bir olaya, duruma ya da etrafından işittiğin sözlere takılıp kavga etmek yerine "Arkadaşımın söylediği bu sözle bedenimde hangi element aktive oldu? Bu elemente şu an neden ihtiyacım var ki buna maruz kaldım?" diyerek bakman gereken doğru noktaya ulaşırsın. Kısacası yüzeyde olup bitene takılmadan, olayların içine girmeyi öğrenirsin.

Mesela kolaylıkla "hayır" diyemeyen biri olduğunu düşünelim. Böylece benliğini kolaylıkla gölgede bırakıp, kendini görmek yerine başkalarının benliğini görüyorsundur...

Yolda yürürken biri sana sertçe çarptı ve elindeki kahve de üzerine döküldü diyelim. Üstelik çok da önemli bir buluşmaya gidiyordun. Üstüne üstlük sana çarpan kişi suçlu olduğu halde üste çıktı ve "Önüne baksana!" diye çıkıştı sana.

O an öfkelendin ve ateş elementin yükseldi. Bu sırada bir telefon geldi ve normal şartlarda "hayır" demek istediğin halde başka zaman olsa karşı tarafı kırmamak için kendini zor durumda bırakarak "evet" diyeceğin bir konuşmanın içine düştün. Az önce yükselen ateş elementi sayesinde, benliğine sahip çıkarak "Hayır!" dedin.

Başlangıçta kötü bir deneyimmiş gibi görünen çarpışma vakası aslında hayat senaryosunda seni, kendi düşüncene ve isteğine saygı duymaya iteklemiştir. Bu sayede "hayır" demeyi deneyimlemişsindir.

Yaşadığımız her "an" tespih taneleri gibi peşi sıra hayat senaryomuz içinde bizi doğru yere yerleştirir. İyiye veya kötüye değil... Olduğumuz halimize yöneltir...

Bazıları için "hayır" demek hayli zordur değil mi?

Sanki bir şeye hayır dediğinde ya da bir teklifi geri çevirdiğinde çok şey kaybedecekmiş gibi hisseder.

Aslında "hayır" derken yaşadığı çekingenliğinin sebebi, tıpkı çakılan bir kibritin sönmeden evvel mumu yakma çabası gibidir.

Yani biri senden bir şey istediğinde bir ateş çakmıştır ve sen de bu ateş sönmesin istersin. Ona yer vermek istersin ve toprağa çekilip senden istenen şeyin uygun olup olmadığını bile önemsemeden "evet" dersin.

Bu iyi midir? Kötü müdür?

Kitabın başında da belirttiğim gibi hiçbir deneyimi ya da duyguyu yargılayamayız. Ne iyi ne de kötü...

O anki ihtiyacın toprağa çekilip, senden talepte bulunan kişiye alan sunmaksa tabii ki "evet" demişsindir.

Ancak "evet" dedikten sonra rahatsızlık veya pişmanlıkla dolduysan, o zaman sana üzücü bir haberim var ki ateşin yeterince çalışmıyor demektir.

Diğer bir deyişle özgüven eksikliği ve kendini ifade edememe sorunu yaşıyorsundur. Kendini ortaya koymaktan, aksini söyleyerek "görünür" olmaktan kaçınıyorsundur. Bu kaçış nereyedir?

Tabii ki toprağa...

Toprak gibi sessiz ve sabit kalmaya çalışıyorsundur. Ateşle eril bir tutum gösterirsin. Karşındaki de ateş veya hava ise, bu eril tutumun çarpışabilir. Çarpışmayı göze almadığında, içinden gelen cevap yerine, elementlerin o andaki cevabı ortaya çıkar.

"Hayır" diyemeyenlerdensen, bolca ateş elementini dengeleyici pratikleri yapmanı öneririm.

Nötr Nefes Pratiği

Bu çalışmanın amacı, zihnin sabit olduğu, duyguların etkisinde kalmadığı nötr halini tanımaktır. Böylece etkisinde kaldığımız her duygu karşısında yine nötr haline geri götürebilmektir. Bu pratik bize elementleri kontrol etme yeteneği de kazandırır ayrıca.

Duyguların kontrolü altında kaldığımızda, zihin geri plana çekildiği için ihtiyaçlarımızı okuyamayız ki elementlerin gereğinden fazla veya eksik olması zorlu sonuçlar doğurabilir.

Nötr nefes, havanın burundan 4 saniyede alınması, 2 saniye içeride tutulması, sonrasında 8 saniyede burundan geri verilmesi ve 2 saniye de dışarıda tutulması egzersizidir.

Nötr nefes, daima burundan alınıp burundan verilmelidir. Önce karın, sonra da göğüs bölgesine doldurulmalıdır. Verirken de önce göğüsten vermeye başlamalı, arkasından karın boşaltılmalıdır.

Zihnin ve beden doğal halindeyken beden nötr nefestedir.

Nötr nefes egzersizini her gün sabah, öğlen ve akşam saatlerinde altışar dakika uygulayarak denemeye başlayabilirsin.

Gün içinde otobüste, arabada, işte, kısacası vakit bulduğun her an uygulayabilirsin. İki hafta düzenli şekilde uyguladıktan sonra bu nefesi bütün gününe yayabilirsin.

Eline veya bileğine küçük bir hatırlatıcı işaret koyarak ya da telefonunun alarmını gün içinde farklı saatlere ayarlayarak üçer dakikadan nötr nefes çalışmasını 7 kez uygulayabilirsin. Her uygulama arasından en az 30 dakika geçmiş olsun.

Bu nefes çalışmasıyla bulunduğun anın kalitesi de artacaktır.

Bir duygu oluştuğunda 90 saniyede geri çekilir ve 180 saniye içinde de bedenden uzaklaşır. Yani duygunun uzaklaştırılması Prana'nın (enerjinin) yarım turu kadar sürer. Bu pratik sayesinde günde defalarca oluşturduğun çeşitli duyguları temizleyerek, renksiz bir şekilde anda kalmayı deneyimlersin.

Bu pratiği bir ay boyunca uygulamanı öneririm. Bir ayın sonunda günde üç kereden altışar dakika uyguladığın ana pratiği on iki dakikaya kadar artırabilirsin. Bu şekilde bir ay daha devam ettikten sonra süre üç dakika daha uzayabilir.

Altı ay boyunca düzenli şekilde nötr nefes pratiği yaptığında artık hayatının bir parçası haline gelecektir ve doğal olarak bu şekilde nefes alıp veriyor olacaksındır.

Böylece artık nefesinin nasıl işlediğini, bulunduğun anda duygularının etkisinde kalıp kalmadığını bilirsin ve anda kalmak için çaba harcamak zorunda kalmazsın. Ayrıca hastalıklara da kolay yakalanmazsın ve şifa sahibi olursun.

Sevgi, nerede durmamız gerektiğini öğretir.
Tıpkı ne zaman harekete geçeceğimizi öğrettiği gibi...

Şimdi vereceğim uygulamanın doğru uygulanabilmesi için öncesinde bir uyarıda bulunmalıyım.

Mesela "Ben Türkiye'nin en iyi aşçısıyım..." diyerek olumlama yaptığında aslında bu noktada Türkiye'nin en iyi aşçısı değilsen, hayat bulunduğun haline şükrettiğini ve bu konuda olmak istediğin en iyi noktada olduğunu düşünerek sana vermeyi bırakır.

Artık hayatın gözünde kendin için olabileceğin en iyi halde ve formdasındır. Bu yüzden olmadığın bir hali "öyleymiş" gibi yansıtma. Zira bu bir teşekkürdür, şükürdür ve Akaşa'nı işgal eder. Akaşa'da o an, olmayı beklediğin yerde olur ve o alanı meşgul edersin. Üstelik olmadığın halinle, temsili olarak...

Daha önce verdiğim işletmeci örneğinden tamamen farklı bir örnek vereceğim bu kez.

İşletmeci örneğinde durum nasıldı? Sen zaten en iyilerden biriydin ama alçakgönüllülüğün yüzünden bunu ifade bile edemeyerek sahip olduğun değeri aşağılıyordun.

Ancak bu örnekte öyle olmadığın halde, "öyleymişsin" gibi davranarak aslında olduğun yerin temsili olarak sende aynı şekilde deneyimlenmesini sağlıyorsun.

Olmadığın bir şeyi öyleymiş gibi yapmak her şeyden önce yalandır. En iyisi değilken en iyisi olduğunu sadece kendine bile söylesen, yalan söylemiş olursun. İnsan zaten sadece kendini kandırır, başkasını değil...

Kendine ve hayata yalan söyleyerek, olmak istediğin noktaya ulaşamazsın. Ancak doğru zaman ve doğru mekânda (doğru element diziliminde) bulunarak olmak istediğin haline ulaşabilirsin.

Uygulama

✡ *Akaşa'da alan açma I*

Karşına bir nesne al ve konuşmaya hazırlan. İster oyuncak bir bebek, ister bir saksı çiçek...

Bu nesneye Akaşa'da yer açmak istediğin konuyla ilgili konuşacaksın.

Örneğin bir kitap yazdın ve bu kitabın kendi alanında en iyisi olmasını istiyorsun. Çok kişiye ulaşmasını, çok okunmasını arzuluyorsun.

Bu dileğini, istediğin bir nesnenin üzerine anlat.

Neden çok okunmasını istiyorsun? Neden daha çok kişiye ulaşmasını arzuluyorsun? Neden alanında en iyisi olsun istiyorsun?

Bu sorulara cevaplar ver.

Akaşa'da böylece kendine yer açarsın.

İhtiyacını dile getirmekten korkma. Ne demişler ağlamayana meme yok.

Sesini çıkarmadıkça, sonuç alamazsın.

Unutma ki söz, var eder.

Bu çalışmayı her gün düzenli şekilde uygulamanı öneririm. Ne kadar konuşmak istediğin tamamen sana kalmış...

Anlattığın şeye doyduğun an, o günkü pratiğini tamamlamışsındır. Bu pratiği tamamlar tamamlamaz altı dakika nötr nefes uygula.

Ve anlattığın şeyi başkalarının duymasından utanma lütfen.

Utanma duygusu, Akaşa'da kaplayacağın alanı kısıtlar. Bu duygunun ortaya çıkması, alanını daraltır. Söylediklerinden utandığın an nötr nefese dön ve altı dakika bu nefesi uyguladıktan sonra çalışmayı tekrarla.

Peki ne zamana kadar anlatmaya devam edeceksin?

Gerçekten olmasını istediğin bir şey hakkında konuşuyorsan, olana kadar konuşursun. Olmasını çok istediğin bir şey değilse, bu çalışma niyetinden ve arzundan dönmene de yardım edecektir.

Çalışmayı bıraktığın an anla ki istediğin şeyde, bedelini ödeyecek kadar kararlı değilsin aslında.

Kimi için çocuk sahibi olmak hemen gerçekleşebilecekken kimi için 10 ay kimi için 6 yıldır bu süre... Kimi kolaylıkla hemen hamile kalır ve 9 ay sonra bebeğini kucağına alır. Kimi çeşitli tedavi süreçlerinden geçer ve yıllar sonra çocuğuna kavuşur.

Bu süreçte bekleme yeteneğini güçlendirmek ve sürece güvenmek için toprak ve hava elementi çalışmaları uygulayabilirsin.

✡ *Akaşa'da alan açma II*

Karşına bir nesne al ve konuşmaya hazırlan. İster oyuncak bir bebek, ister bir saksı çiçek... Bu kez Akaşa'yı boşaltacaksın ve alan açacaksın.

Yoğun duygularla yaşadığın deneyimler Akaşa'nın dolmasına ve olaylar arasında sıkışıp kalmana neden olur. Bu yüzden anda kalamazsın, yaşam kaliten düşer.

Yaşadığın deneyimleri serbest bırakabilmen için anlatman gerekir.

"Taş olsa çatlar!" deyişini bilirsin. Anlat, konuş ve serbest bırak nasihati verir aslında.

Seni çok etkilediğini düşündüğün bir olayı hatırla.

Karşına aldığın objeye, yaşadığın durumu olduğu gibi anlatmaya başla. Ne olduğunu, nasıl hissettiğini, nasıl olmasını beklediğini, her şeyi anlat.

Sadece seninle ilgili olan kısmına odaklan ve her ayrıntısını ifade et.

Ne olursa olsun, karşı tarafın nasıl hissettiğinden bahsetme. Çünkü karşındaki kişinin deneyimine "gerçekten" sahip değilsin...

Sen olayı sadece kendi gözünden, kendi pencerenden, kendi deneyiminden anlat.

Konuyla ilgili söyleyecek tek sözün bile kalmayıncaya kadar konuşmaya devam et.

Çalışma bittiğinde derin bir nefes alıp ver. Ardından 6 dakika nötr nefes pratiğini uygula.

Haftaya yeniden aynı nesneyi karşına al ve aynı olayı baştan bir kez daha anlat. Geçen hafta ne anlattığını, nasıl hissettiğini düşünme. Her şeyi sil baştan yeniden dök ortaya.

Çalışma bittiğinde yine derin bir nefes alıp ver ve 6 dakika boyunca nötr nefes uygula.

Sonraki hafta aynı şeyi bir kez daha yap.

Haftalar haftaları kovalasın sorun değil...

Ta ki sen "Of yeter artık anlatacak hiçbir şey kalmadı!" diyene kadar.

Artık Akaşa'daki duygularını boşaltmışsındır ve öyle geniş bir alan açmışsındır ki kendine, konuşmaya ihtiyacın kalmamıştır. Olay zaten anlatılmış, görülmüş ve ifade bulmuştur.

Bazen bir olayı ya da durumu çok kez anlatman gerekir ki Akaşa'da yeterince alan boşalabilsin. Akaşa temizliği için sesli anlatım çok önemlidir.

"Derdini dök, rahatlarsın..." deyişi de bu temizliğe yönelik bir bilgelik içerir.

İçine atma, için çöplük değil.

Anlatmak; olanı görmek, duyguyu boşaltmaktır. Sorunlarını seni dinleyenler çözmezler zaten, o dert senin için bir anlam kazanmıştır ve sonunda yine sen çözersin...

✡ *Akaşa'da alan açma III*

Hep kötü şeylerin Akaşa'dan boşaltılması gerektiği düşünülse de, iyi olanın da boşaltılması gerekir. En sevdiğin fotoğraf telefonunun tüm hafızasını kaplıyorsa, artık mesaj alacak kadar bile alan kalmadıysa, o çok sevdiğin fotoğrafı silmek zorundasındır. Aksi halde bütün hayatın o fotoğraftan ibaret kalır.

İnsan çok zaman yaşadığı güzel deneyimlerde de kolaylıkla ve sıklıkla sıkışıp kalır.

"Ahmet'le geçen sene tatilde o kadar eğlendim ki, bir daha öyle eğlenebilir miyim bilmiyorum."

"Ayşe'yi o kadar çok sevmiştim ki, bir daha kimseyi öyle sevebileceğimi düşünmüyorum."

Örnekleri çoğaltmak mümkün...

Önemli olan özgürleşmek...

İyi ya da kötü demeden, bütün deneyimlerden özgürleşebilmek gerekir. Böylece nefes alabileceğin daha çok alan yaratmış olursun kendine.

Bu çalışmayı yapmak için telefonunun ses kayıt özelliğini kullanmanı isteyeceğim.

Anlatmak istediğin konuyu seç.

Ardından telefonunun ses kaydını aç ve sesini kaydet.

Yaşadığın deneyimi, konuyla ilişkilendirdiğin kelimeleri, cümleleri bir bir kullanarak olduğu gibi anlat. Söyleyecek hiçbir şeyin kalmadığında, çalışmayı 6 dakikalık nötr nefes pratiğiyle tamamla.

Sonrasında ses kaydını bir hafta boyunca en az bir kez dinle.

Kendi kendine ne anlattığını duy. İnsanın kendini duyması çok önemlidir. Anlattığını dinledikçe, duyduğun deneyim görülmenin verdiği hafiflikle çözülmeye başlar.

Bir hafta sonra tekrar baştan aynı konuyu anlatarak kaydet. Bir hafta sonra aynı konuyu bir kez daha anlatıp kaydederken ilk anlattığınla, ikinci kez anlattığın arasındaki değişimi fark edersin.

Anlattığın şey bir sorunsa, aslında çözümsüz olmadığını hatta belki ortada bir sorun bile olmadığını görmeye başlarsın.

Üçüncü belki beşinci hafta "Yeter artık, hayatım bu olaydan mı ibaret!" diyerek o deneyimden özgürleşirsin. Çünkü kaydettiğin ses sayesinde Akaşa'da öylesine geniş bir alan açmış olursun ki, artık o şey hayatında hiçbir yer tutmuyordur.

Bu çalışmayı, bahsettiğim tutuma ulaşıncaya kadar uyguladığından emin ol. Çalışmaya başlayıp yarım bıraktığında, olay eskisinden daha çok bile yer kaplayabilir hayatında. O yüzden her yaptığın çalışmanın sonuca varması çok önemli...

Jalandhara Bandha

✡ *Jalandhara Bandha (Boğaz Kilidi)*

Kalçanın altına yastık koyarak, sırtın dik ve dizlerin rahatça yere değecek şekilde otur. Kaslarının gevşemesi ve rahat olması için kalçanın altına koyacağın yastığın (veya benzeri bir obje) yüksekliğini ihtiyaç duyduğun şekilde ayarlayabilirsin. Omurga uzun, omuzlar rahat olmalı. Dilersen sandalyeye de oturabilirsin. Ellerini, dizlerinin üzerine koyarak dirseklerini kilitle.

Gözlerini kapat ve tüm bedenini rahatlat. Derin bir nefes al ve tüm nefesi boşalt.

Nefesi boşalttıktan sonra nefesi dışarıda tut (Kumbhaka) ve çeneni göğsüne doğru götürerek, göğüste kilitle. Dirsekler kilitli, kollar dümdüz, ellerinle dizlerini yere doğru it. Omuzlarını hafifçe havaya ve ileri kaldırarak sırtını kamburlaştır. Nefesini tutabildiğin sürece bu duruşta kal. Nefesini almadan omuzlarını rahatlat, dirseklerini rahatlat ve yavaşça boğazdaki kilidini çözerek kafanı kaldır. Ardından nefes al ve çalışmaya bu şekilde devam et.

Başlangıçta bu çalışmayı beş kere art arda uygulayabilirsin. Rahat hissettikçe sayıyı ona kadar çıkarabilirsin.

Tüm egzersiz boyunca boğaz bölgesinin farkında ol.

Faydaları: Bu çalışma fiziksel olarak yüzdeki Akaşa'nın dolan alanlarını boşaltır ve bu sayede kırışıklıkları ortadan kaldırır, yüzün parlamasını sağlar. Akaşa'nın boşalmasını sağlayarak yaşlanmanın önüne geçer. Boğaz bölgesinde oluşabilecek hastalıkları engeller. Akaşa elementinin bedendeki çalışmasını dengeler.

IV. BÖLÜM

Renklerin Elementleri

Elementlerle Renkler Arasındaki Enerji İlişkisi

Her rengin elementlerle ilişkisi vardır. Sarı, ateş elementidir, kırmızı renk toprak, yeşil ve pembe hava, turuncu renk ise su elementidir. Akaşa'nın rengiyse mavi ve siyah...

Bu renkler hayatımıza elementleri tezahür ettirmek için girerler. Ateş elementinde daha yoğun çalışmaya ihtiyacımız olduğunda sarı renkler hayatımıza girmeye çalışır. Sarı kıyafetler seçeriz ya da sarı kıyafetler giyinmiş insanların bulunduğu bir toplantı masasında otururuz.

Elementlerin renklerini ve yaptığımız işlere göre ihtiyacını bildiğimiz takdirde bilinçli bir şekilde renkleri hayatımızda kullanarak elementlerimizi destekleyebiliriz.

Renkler elementlerin dengeli çalışmasına yardımcı olur. Aynı zamanda halihazırda dengede olan elementlerin de yoğunluğunu artırır.

Ateşin rengi sarı: Sarı rengi hatırlamak kolaydır. Ne de olsa ün, tanınırlık ateş elementinin konusu... Sarı renk, başkaları üzerinde iz bırakır.

Bu yüzden sarı renkli markaların logolarını kolaylıkla hatırlarız. İçi ya da dışı sarı renkli binaları hatırlamak da kolaydır bu yüzden.

Sarı renk aynı zamanda fiziksel eylemi de tetikler.

Toprağın rengi kırmızı: Kırmızı renk köklenmeyi, aidiyet duygusunu, sahiplenmeyi ve güveni besler. Kırmızı rengin yoğun olduğu ortamlarda kendimizi daha güvende hissederiz.

Ölüm korkusu veya varoluş korkuları yaşandığında kırmızı renk giyinmek veya kırmızı renkli aksesuvarlar takmak bu korkuların azalmasını sağlar.

Kendini ait hissetmediğin yerlere kırmızı aksesuvarlar koymak, belki kırmızı bir bibloyu yanında taşıyıp gittiğin yere yerleştirmek oraya daha kolay köklenmeni sağlar.

İnsan kendini ait hissetmediği yerde uyku problemleri de yaşar. Ortama köklenmen, orada uyanma isteğini ortaya çıkarır. Bu sayede uyku sorununun üstesinden de gelebilirsin.

Havanın rengi pembe ve yeşil: Pembe renk havanın dünyevi kısmıyla ilgiliyken, yeşil renk havanın manevi kısmıyla ilgilidir.

Hatırlarsan hava elementinin maddiyatla maneviyat, somutla soyut arasında bir köprü oluşturduğundan söz etmiştim. Havanın köprü olma niteliği, onu çift renkli bir yapıda sunar bize.

Dünyevi sevgiye, iletime ve analitik zekâya ihtiyaç duyduğun alanlarda pembe seni destekleyecektir. Sosyal alanlarda sağlıklı ilişkiler kurmak için pembe kıyafetler veya aksesuvarlar tercih edebilirsin.

Manevi yolculukta ise yeşil renk seçilmelidir. Yeşil, ilahi sevgiyi ve zekânın ilimsel çalışmasını destekler.

Suyun rengi turuncu: Bana en çok sorulan sorulardan biri "Neden hep turuncu giyiyorsunuz?" sorusudur.

Turuncu renk düşünceler, arzular, bilgi ve derinleşmeyle ilgilidir. Hayatında turuncu rengi çokça kullananlar ister istemez bilgiyle bağını güçlendirir. Bilgi edinme ve bilgiyi terk etmeye karşı su elementinin getirdiği yeteneği kullanır. Turuncu renk arzuların farkında olmayı ve görünmeyi sağlar.

Bir konuda derinleşmeye ihtiyaç duyduğunda veya derinlerinde kalmak istediğinde mutlaka hayatında turuncu olmalıdır. Bu sayede konu üzerinde kendini kolaylıkla tutabilir ve onunla bütünlük ve birlik sağlayabilirsin.